剧场游戏：滋养儿童审美情趣

李继东　戴蓉　郭炆娟／主编

河海大学出版社
HOHAI UNIVERSITY PRESS
·南京·

图书在版编目（CIP）数据

剧场游戏：滋养儿童审美情趣 / 李继东，戴蓉，郭炊娟主编. -- 南京：河海大学出版社，2022.8
ISBN 978-7-5630-7236-1

Ⅰ．①剧… Ⅱ．①李… ②戴… ③郭… Ⅲ．①电影艺术－教学研究－小学 Ⅳ．① G623.702

中国版本图书馆 CIP 数据核字（2021）第 212596 号

书　　名	剧场游戏：滋养儿童审美情趣 JUCHANG YOUXI：ZIYANG ERTONG SHENMEI QINGQU
书　　号	ISBN 978-7-5630-7236-1
责任编辑	龚　俊
特约编辑	梁顺弟
特约校对	丁寿萍
封面设计	张育智　刘冶
出版发行	河海大学出版社
地　　址	南京市西康路 1 号（邮编：210098）
网　　址	http://www.hhup.com
电　　话	（025）83737852（总编室）　（025）83722833（营销部）
经　　销	江苏省新华发行集团有限公司
印　　刷	三河市兴国印务有限公司
开　　本	710 毫米 ×1000 毫米　1 / 16
字　　数	332 千字
印　　张	19.75
版　　次	2022 年 8 月第 1 版
印　　次	2022 年 8 月第 1 次印刷
定　　价	58.00 元

主　　编：李继东　戴　蓉　郭炆娟
编写人员：季　婷　张小琴　童　敏
　　　　　肖　韵　徐鑫伟　顾明明
　　　　　马玉婷　张安琪　黄　铖
　　　　　吴欣怡　张　锋

前言 Foreword

理想教育的应然

安定小学李继东校长带领学校老师扎实推进基于教学主张的教育变革,取得了喜人的办学成绩和育人效果。摆在我面前的这9本专著的样稿,既是他们集体智慧的结晶,也是研究实践成果的集中展示,更是我市教育百花园中绽放的绚烂之花。翻阅着这些书稿,我心中不断涌动着汩汩暖流,正是像他们这样可亲可敬的教师,托起了如皋教育高质量发展的新引擎。我更从书中找到了备受关注又常议常新的话题,那就是"如皋教育为什么行,为什么能,为什么好"的答案,也更坚定了我从事教育工作以来一贯的坚守与追求,那就是我们的教育要始终坚持把立德树人作为根本任务,力求合规律性与合目的性的有机统一。

"规律",是事物发展过程中的本质联系和必然趋势。教育的"合规律性",是指我们认识到了教育的内在规律,使教育教学实践活动自觉遵循和符合客观规律的要求,自觉按照规律采取相应的策略和方法,它体现了人的主体性、自觉能动性,也集中展示了教育的科学性和艺术性。无论是古老的《学记》,还是历代中外教育家的教育思想,乃至广大一线教师的研究成果,无不闪烁着教育规律的光芒。马克思在《〈黑格尔法哲学批判〉导言》中指出:"理论一经掌握群众,也会变成物质力量。理论只要说服人,就能掌握群众;而理论只要彻底,就能说服人。所谓彻底,就是抓住事物的根本。但人的根本就是人本身。"在这9本书里,我看到了教育规律转变成了育人的力量,品读出了教育规律的彻底性,感受到了被教育规律"说服""掌握"的师生的喜人生态。因为"乐嬉游而惮拘检"是儿童甚至人的天性,因为"对孩子来说,游戏就是学习,游戏就是劳动,游戏就是重要的教育形式"。教育规律，在安定小学，在如皋大地，不再是"灰色的"，而是常青树、常春藤。

"目的"，是人的需要、意图或行动的目标。教育的"合目的性"，是指教育者认识和把握了教育的规律性，在实践中能够按照客观规律达到理想目标的过程。古今中外，每个国家都是按照自己的政治要求来培养人的。我国是中国共产党领导的社会主义国家，这就决定了我们的教育必须把培养德智体美劳全面发展的社会主义建设者和接班人作为根本任务，要传播知识、传播思想、传播真理，塑造灵魂、塑造生命、塑造新人，要在坚定理想信念、厚植爱国主义情怀、加强品德修养、增长知识见识、培养奋斗精神、增强综合素质上下功夫。安定小学的这9本书，多元化的课程，展现的是"五育并举、综合育人"的生动实践；菜单化的选择，让马克思人的发展阶段中的"有个性的个人"成为可能。书中文字的背后，呈现在我眼前的是一个个活泼的儿童，是焕发生命活力的现在与未来。

育人的实践，永远在路上；改革的探索，永远没有终点。秉承安定先生引领教育改革的遗风，我相信：安定小学将会摘取立德树人更为丰硕的创新成果，必将为如皋乃至市外教育高质量发展贡献更大的智慧和力量。

我们共同期待！

如皋市委教育工委书记
如皋市教育局局长　**郭其龙**

剧场游戏：滋养儿童审美情趣

Contents 目录

第一章　课程综述

第1节　游戏课程理论解读 2
第2节　电影课程理论解读 6
第3节　安定小学观·演游戏课程解读 12

第二章　"观"——百部电影解读

第1节　百部电影名称 16
第2节　百部电影分类及简介 17
第3节　"以生为本"分类解读 52

第三章　"赏"——电影海报作品

第1节　红色经典电影 58
第2节　动画类电影 64
第3节　科幻冒险类电影 81
第4节　好莱坞类电影 86

第四章 "演"——创作表演剧本

第1节 "课本剧"我来演 ··· 104

第2节 "经典剧本"我来演 ··· 126

第五章 "评"——影评、观·演评价

第1节 电影观后感 ·· 170

第2节 观·演课程评价 ··· 253

第一章
课程综述

第1节　游戏课程理论解读

一、游戏的定义

在日常生活中，"游戏"使用频率很高，经常被大家言说。《辞海》中的"游戏"解释是"文化娱乐的一种，有发展智力的游戏和发展体力的游戏。前者包括文字游戏、图画游戏、数字游戏等，习称'智力游戏'；后者包括活动性游戏（如捉迷藏、搬运接力等）和非竞赛性体育活动（如康乐球等），另外还有电子游戏和网络游戏等。"《现代汉语词典》中的"游戏"有两种解释，"一是名词，解释为'娱乐活动，如捉迷藏、猜灯谜等'。某些非正式比赛项目的体育活动如康乐球等也叫游戏；二是动词，解释为'玩耍'：几个孩子正在大树底下游戏。"这两种解释重点在强调游戏的功能和游戏活动的分类，包含着嬉戏、游乐和竞技等相关含义。

在国外，不少教育家都非常重视游戏的教育价值。福禄贝尔认为："游戏是童年生活中最快乐的活动，是表现和发展儿童的自动性和创造性的最好的活动形式。"杜威更是认为："没有一些游戏和工作，就不可能有正常的有效的学习。"在众多纷繁复杂的"游戏"概念中，胡伊青加对于"游戏"的定义最具代表性。他高度概括了动物、儿童及成人的游戏特征，抽象出一般意义上的游戏概念："游戏是一种自愿的活动或消遣，这一活动或消遣是在某一固定的时空范围内进行的，其规则是游戏者自由接受的，但又是绝对的约束力，游戏以自身为目的而又伴有一种紧张、愉快的情感以及对它'不同于日常生活'的意识。"这一定义限定了游戏发生的场所和时间范围，分析了游戏目的和规则的性质，揭示了游戏者的主观倾向和状态。

在国内，上海师范大学儿童文学博士李学斌这样定义"游戏"：它是人类童年期生命发展不可或缺的本体活动，其意义丰饶而又多元——它是宣泄、是释放、是补偿、是平衡、是学习、是发展、是体验、是发现、是享受、是创造、是探索、是超越……是想象的来去自由、天马行空；是情感的起伏跌宕、见微知著；是形体能量的激越与高涨；是精神体验的升腾与和谐；是物与我的完美统一，是形与神的高度融合……这样的定义充分肯定了游戏之于儿童发展的重要作用，体现了儿童主观自由的游戏意向和丰富多彩的游戏体验。

游戏，让学生乐学。在游戏中，学生真正成为儿童，享受学习之乐、自由之乐，激扬游戏精神，得到和谐发展；游戏，改变小学教学方式、教学形态。教学中，融入游戏元素，采用游戏化学习方式，课堂形态更为丰富，学生学习更加灵动，教学效果更加显著；游戏，直接撬起人的内心中的玩性，玩物壮志。建立以"玩"为本的游戏教学理论，符合学生的天性和认知规律，使"玩物壮志"成为儿童成长的新境界。

二、游戏课程解读

我国最伟大的思想家和教育家孔子，崇尚乐学、注重乐教；明代著名的思想家、文学家、军事家和教育家王阳明倡导教育顺应儿童天性，强调学习重在体验，主张"知行合一"；中国倡导游戏教学的代表人物陈鹤琴先生提出"活教育"主张，充分体现"游戏教育"思想。

西方教育家福禄贝尔反对强制教育，提倡遵循自然的教育法则，强调游戏的价值和意义，主张运用游戏作为儿童教育的重要手段，特别是首创了幼儿游戏教育体系，对后世产生了很大的影响，为游戏与教学的结合奠定了坚实的理论与实践基础；赫尔巴特强调游戏在教育教学中的重要作用，强调根据不同阶段的学生的不同心理状态和兴趣进行教学的观点，充分体现了游戏教学的思想。此外，在国外教育家的教育思想中，洛扎诺夫的"暗示教学"、罗杰斯的"人本教学"、蒙台梭利的"自由教育"都蕴含着游戏教学的思想。

游戏课程是以各类游戏内容为主，采取游戏学习方式，激发游戏动机，发展游戏思维，培育游戏精神，提升核心素养，促进学生和谐发展的教育活动。核心理念是游戏育人，和谐发展。开展游戏课程创设游戏情境，激发主动参与，使学

生产生积极的学习心态从而激发学习动机；游戏课程使学生由被动学习转向主动学习，促发积极思维，转变教学方式；让学生经历生动的游戏过程，促进个性自由发展，培育游戏精神；使学生具备适应终身发展的必备品格和关键能力，从而提升核心素养；让学生在游戏中建立成长自信，促进身心和谐发展。

  游戏课程包括学科游戏、综合游戏。学科游戏涵盖语文、数学、英语、品德、科学、体艺等。综合游戏涵盖德育主题、学科整合、节日专题、研学旅行、智慧劳动、特殊教育、观影表演等。游戏课程的实施基于教材，主题游戏整合教材，游戏视角解读教材，开展游戏延伸教材。基于课堂，游戏生趣，激发学习动机，游戏启智，发展高阶思维，游戏拓展，培养综合素养。基于活动，贴近生活，开发游戏资源；组织体验，发展游戏能力；丰富形式，培育游戏精神，形成游戏活动校本特色。基于综合，明确游戏主题，引领游戏体验，构建实践样式。

三、游戏课程目的解读

  以人为本，和谐发展。"天地之性人为贵"，既然天地之间的万物生灵以人最为尊贵，那么，学校作为培育这万物之灵的圣土，就要以人为本，最终指向人的全面和谐发展。"游戏是一种激情洋溢的挥发生命能量的活动。"用游戏激发儿童未知的生命能量，不只是听说读写，更是那神秘的、广阔的、一切可能性发展。游戏是儿童自由生命之依靠，以一种轻松的姿态出现，鼓励儿童积极地参与到学习中去，它能"攫住"儿童的心灵；游戏中的规则能够使儿童自发地眼观六路、聚焦重点、真切感受，它能"擦亮"儿童的眼睛；游戏爱护学生的好奇心、求知欲，充分激发他们的问题意识和进取精神，它能"激活"儿童的思维。

  顺应儿童，以学定教。教育的出发点从来就不是要去改造一个人，而是以课程为载体，以教学为纽带，交流经验、分享美好，努力帮学生找到那个自己想成为的人。陶行知先生曾说："教什么和怎么教绝不是凭空可以规定的。它们都包含'人'的问题。这问题就是：教谁？人不同则教的东西、教的方法、教的分量、教的次序都跟着不同了。"正因为儿童本身不同，他们想成为的那个人更不同。因此，教师在考虑教学内容、教学策略的时候，都要以学生的实际学情为本，从儿童的视角出发，有的放矢，以学定教。这里的"学"，不仅仅是儿童原有的知识基础，更重要的是对儿童作为"人"的主体的确立。明代哲学家王阳明说："大抵童子之情，乐嬉游而惮拘检，如草木之始萌芽，舒畅之则条达，摧挠之则衰痿（萎）。"李庆明先生也认为："游戏是儿童自由生命之依靠，儿童本真存在的确证。"

　　回到儿童，创造可能。儿童原来还有一个名字，叫"游戏者"。席勒说："只有当人充分是人的时候，他才游戏；只有当人游戏的时候，他才是真正的人。"儿童更是如此。儿童有他自己游戏的方式，当他游戏的时候，才真正成为人，成为儿童。尊重儿童发展的游戏方式，让儿童成为快乐的游戏者，他才是真正的儿童。成尚荣说："所以回到儿童去，就是要回到儿童原来的意义上去，就是要回到儿童最伟大的可能性去，就是要回到儿童完整的生活中去，就是要回到儿童的生活方式和游戏方式上去。只有这样，才会发现真实的儿童；否则，你对儿童的认识都是理念的，都是想象的，都是经验化的。"回到儿童，就是永葆童心，教师要以自己不变老的童心去撞击儿童之心，童心与童心的撞击，才能创造出无限可能。因此，游戏课程就是自由、创造的课程，其实就是回归儿童的天性。

第 2 节　电影课程理论解读

一、电影的定义解读

电影诞生之初，在英语中被称为 motion picture，即指活动画面；后来又有了其他的名称，如 film，意即胶片，强调电影版的媒介特征；cinema 则专指艺术电影；movie 经常指好莱坞商业电影。

电影，也称映画。根据"视觉暂留"原理，运用照相（以及录音）手段，把外界事物的影像（以及声音）摄录在胶片上，通过放映（以及还音），在银幕上造成活动影像（以及声音），以表现一定的内容，交流思想，从而拥有感知、感觉、美丽或氛围的体验。它是一门视觉和听觉的现代艺术，也是一门可以容纳戏剧、摄影、绘画、音乐、舞蹈、文字、雕塑、建筑等多种艺术的现代科技与艺术的综合体。

电影这种艺术形式，不同于绘画这一具有悠久历史的形式，它的独特之处在于"动态"这一显著特征。电影，它全部由动态的影像和音响效果组成，不仅能够表现静态的美感，更能够通过事物随着时间的变化而改变，从而表现出事物的发展特征与动态的美感。同时，因为具有更加生动的表现力，电影能够给人们带来更加美好的视觉效果或是视觉冲击，从而能够给人们留下更加深刻的印象。同时，由于电影的动态特征，它突破了传统绘画所无法做到的连续表现画面的瓶颈，而能够以较长的篇幅来描述一个较长的故事，这就使得电影能够表现非常充实的内容。

二、电影的起源

1891 年，爱迪生利用"视觉暂留"原理第一次展示活动电影放映机技术，到 1893 年爱迪生又发明了电影视镜。卢米埃尔兄弟拍摄的无声影片《火车进站》

于 1895 年 12 月 28 日首次放映,这一天也被认为是世界电影的诞生日。1905 年北京丰泰照相馆的任庆泰为著名京剧老生谭鑫培祝寿,拍摄了一段京剧《定军山》,中国电影业悄然开幕。至今一百多年中,电影艺术从无到有,从黑白无声到现在的好莱坞大片,电影作为人类工业和科技发展默默的见证者,陪伴着人类走过了许许多多的时光。至此,电影不再仅仅作为一种娱乐消费品,它作为人类文化的一种载体,反映着人类生活观念的变化,对人生意义的思考,和对自然、艺术之美的追求。

三、电影的工作原理

电影是由放映机、电影胶片两者共同协作,对人眼的"视觉欺骗"。放映机发出的光束,将胶片上每秒 24 帧的定格影像通过镜头投射到银幕上,看似匀速运动的电影胶片,实际是一动一静交替运行:放映机内的遮光器每秒打开 24 次,配合机器的转动,每当胶片上的单帧画面运行到镜头正前面时,遮光器打开,光束通过,然后遮光器闭合,下一帧画面继续向下运动,不断重复以上动作。最终投射在银幕上的,即为人眼所看到的活动影像。

声音原理

胶片电影的声音信号存储在胶片上的画面一侧,肉眼可观察为不规则的、连续性的"波形图",电影放映时用灯光照射此区域,反面安装光敏器件来接收变化的光线,转换为电信号通过放大器播放出来。随着数字技术的发展,胶片电影的声音技术率先进入数字化时代。SRD、SDDS、DTS 等环绕立体声数字音频技术在胶片电影上相继得以运用,不同信号都储存在胶片上画面一侧,放映时通过不同的解码设备读取,达到不同的声音效果。

视觉原理

电影是由活动照相术和幻灯放映术结合发展起来的一种连续的影像画面,是一门视觉和听觉的现代艺术。

电影的画面成像,是利用了人眼的"视觉暂留"原理,根据实验表明,人眼在某个视像消失后,仍可使该物像在视网膜上滞留 0.1～0.4 秒。电影胶片以每

秒 24 帧画面匀速转动，在银幕上交替成像，一系列静态画面就会因视觉暂留作用而造成一种连续的视觉印象，产生逼真的动感。

四、地方电影史

南通的电影事业，与中国的电影事业几乎是同步发展的，1919 年，南通近代实业家张謇创办了中国影片制造股份有限公司，当时在全国属于首例。此后至今，从南通先后走出以赵丹为代表的一百多位著名电影艺术家，成就并影响了中国电影的发展，在世界电影行业产生重大影响，这一独特的文化景观可以称为中国电影文化中的"南通现象"。

1958 年 6 月，南通筹建电影制片厂。厂址设在南通玄妙观旧址，后迁至环城东路。同年 8 月摄制成第一部纪录片《大炼钢铁》，在南通各影院上映，每天观众达万人以上。为解决影片发行及器材供应问题，该厂派人携片赴北京向文化部汇报，文化部邀请中央有关领导及文化界人士观看，周恩来总理看后对南通电影制片厂的办厂精神予以赞扬。文化部电影局发给该片全国发行许可证，作为国庆节上映的影片之一，还发给 1.2 万元版权费，并为该厂解决电影胶片计划。全国 13 家报刊先后发表有关新闻及专题文章共 20 篇。此后，该厂又拍摄了 8 部纪录片和 4 部资料片。1959 年 10 月并入江苏电影制片厂。

南通电影既是一种血脉的传承，也是一种地域的精神，在中国电影史上写下了不可磨灭的光辉一页！

（以上文字均由南通市档案馆提供）

五、国内外电影课程开设情况

电影课程是当前学校美育的一种创新形式。它是基于人类文明中真、善、美、爱、正义、公平等共同的价值理念，试图改善当代少年儿童文化精神生活质量创设的一门综合性、开放性、活动性课程。电影课程将教材从单一文字载体变为集"形、声、光、色"于一体的生动、直观的多载体形式，由单纯的学科形式变为综合艺术形式。电影课程是根据学生的年龄及心理特征，由教师按一定内容系列，循序渐进地组织学生观看最适合自身的优秀影片的一种教学形式。它以潜移默化的方式陶冶儿童的情操，净化儿童的心灵，萌发儿童的理想，树立儿童的志向，对儿童的综合素质能力的提高产生了积极影响。电影课程的宗旨是：把世界上最好的电影献给孩子，把孩子的美好心灵还给世界，让孩子们今天就生活在未来。

Cilect——世界上历史最久、规模最大的电影、电视教育的国际组织，1955年成立于法国的戛纳。开始主要是欧洲、北美的一些学校参加，后来逐步扩大，成为世界范围的组织。Cilect每年举行一次世界范围的国际大会，每次大会围绕一两个有关电影、电视教育的主题进行讨论，并放映各学校学生的电影、电视作业。1984年，北京电影学院正式加入该组织。

在国外，一般都是在国民教育部和国家电影中心的主导规划下，建立起从幼儿园到高中，从课堂到课外的电影教育体制。国外中小学电影教育的主要特点是课程体系整体统一、循序渐进，关注特殊儿童群体，国家和地方协作管理，多部门、多行业广泛参与；但该体制也存在中央与地方沟通不畅、资源配置和地区发展不平衡、专业人员缺少培训等问题。

近年来，随着媒介化时代的来临和中小学素质教育的不断发展，我国儿童的媒介素养教育越来越受到重视。电影作为一种重要的媒介，在媒介素养教育中也发挥着相应的作用。中小学电影课程在国内风起云涌，从国家到地方都非常重视电影课程的开发。

王晓琳老师团队的电影课程开发则走在了前列，不仅完成了电影精品目录的筛选，而且完成了成熟的电影课程体系开发，同时通过电影课程进教室的活动完成了电影课程的落地实践和验证，充分展现了电影课程的德育功能和多重教育价值。基于前期对市场和作者的深度调研，2016年9月，大象出版社出版了一套能够提升孩子核心素养、营造积极健康的家庭生活、带给教师专业发展方向的丛书——"影响孩子一生的100部电影"（3册），该丛书一经面世便好评不断，不断重印。这本书根据儿童成长的心理规律，把教育电影按心理主题分为10个阶梯，开发了从小学到高中共10个阶段的100部阶梯电影，解决不同年龄阶段儿童的不同问题，让儿童在最合适的成长阶段遇到最适合他们心理发展的电影，以电影的榜样力量带动儿童人格的发展。这套书适合儿童看，让电影成为儿童生

命成长的重要阶梯；适合师生共读，让电影成为凝聚班级的共同精神密码；适合老师看，让电影成为理解职业、进行专业发展的途径之一；也适合推荐给所有父母，优秀电影的力量正像春风化雨、润物无声，悄悄地滋养了一个又一个健康家庭的形成，营造积极向上的高品质的家庭生活。

六、学校电影课程对学生的影响

（一）提高学生的审美能力，培养学生的综合素养

审美能力的强弱，影响人的方方面面，包括对艺术的欣赏与创造，对自然的热爱与保护，对人的同情与理解，对现实生活真善美、假恶丑的辨别与扬弃，对自己的认知与调控，对未来的向往与追求，等等，它决定了一个人对人、对事、对社会、对自然的态度和行为，因而审美能力的培养是素质教育的基点。优秀影片融戏剧、文学、绘画、音乐、舞蹈、建筑等多种艺术形式为一体，有丰富的思想内涵和审美题材，充分发挥电影的美育功能，有利于提高学生发现美、感受美、鉴赏美、创造美的能力，促进学生健康、全面、持续、和谐地发展，从而有效培养学生的综合素质。因此将优秀的影视片荟萃，按照一定的课程计划展示于学校课堂之中，这对于学生来说，无疑是一桌桌别具风趣极有品位的文化套餐。从某种意义上讲，它给学生的精神食粮不亚于一节文化课的受益，对儿童综合素质能力的提高产生了积极影响。

（二）丰富学生的文化知识，开拓学生的国际视野

电影就内容来说，古今中外、天文地理、风土人情、时空外向无所不及，它能把个人经验所不及的地方，栩栩如生地展现在学生面前。通过电影，学生能够感受大自然的美丽、广博的物产以及风土人情；通过电影，学生能感受中国上下五千年光辉灿烂的文明史；通过电影，勉励学生学习名人的优秀品质；通过电影，学生了解各国的地理位置，历史之美，艺术之美，以及各地区的民族风俗习惯等。这些在学生心里种下了美丽的种子，这一部部电影像一股股甘泉不断流入学生的心田，开阔了他们的视野。

（三）激发学生学习兴趣，培养良好的道德情感

生动活泼的画面及音像效果胜过教师的言传身教，学校通过精心挑选适合各个年级的影片，把道德教育渗透在影视观赏之中，帮助学生树立正确的人生观和价值观。

观看电影，有助于少年儿童更好地承受生活和学习中遇到的各种挫折。通过观看电影，少年儿童模仿和学习电影中的主人公的英勇行为，树立了良好的生活和学习榜样，有助于增强他们的自信心，纠正不良行为，提高对困难挫折的耐受能力。电影大多数是讲述人与人之间发生的事，其实也是学生学习与人交往的生动例子。通过组织学生观看电影，使学生懂得要关心他人，用爱去营造人与人沟通的桥梁。通过电影课开展的一系列活动，比如电影情节表演，在活动中，孩子们通过互相商量讨论，确定表演的情节，制订活动的计划，从而学会了如何与他人沟通，如何发表和接受别人的意见，如何发挥团体的力量做好每件事。在手抄报的制作中，学生懂得一个擅长画画、一个擅长写作的两个同学合作，互相取长补短，使其制作的手抄报图文并茂。

第3节　安定小学观·演游戏课程解读

一、学校观·演游戏课程解读

学校观·演游戏课程是以电影、表演的游戏内容为主，采用了观看电影、电影海报制作、电影观后感、舞台剧表演等游戏学习形式，发展游戏思维，提升核心素养，促进学生和谐发展。

二、课程项目介绍

学校电影游戏课程，尝试引领孩子们走向优秀的电影，让电影丰富孩子的童年。项目组成员有戴蓉、郭炆娟、张小琴、季婷、童敏、肖韵、徐鑫伟。我们经过多次研讨和规划，项目组从以下几个方面建构课程体系："观"——百部电影、"赏"——电影海报作品、"演"——创作剧本表演、"评"——观·演评价。项目组展开了一系列活动，借助影视艺术形式，从欣赏、创编、演绎、评价四个维度，形成了以下活动设计："观"，两周一次观影；"赏"，创作电影海报；"演"，小剧本大空间；"评"，观·演我来评。

四项活动，从观影、写影评到画海报，再到表演，引领着儿童在语文、音乐、美术、数学等多个领域发展多元素养，真正让孩子们收获能力上的成长。

三、课程项目开展情况

项目组借助影视艺术形式，从欣赏、创编、演绎、制作四个维度，开展四项活动，以下为具体操作策略：

（一）"观"：两周一次观影

欣赏自己喜爱的影片，动员师生共同收集与日常教育教学相关的优秀儿童影片，建立校内电影资源库，科学安排电影欣赏时间，利用论坛、晨会交流观影心得。我们借助学校硬件设施上的优势，在同欣剧院给所有孩子两周播放一次电影，做到"四定":定内容、定人员、定时间、定地点。让电影文化走进了孩子的成长与生活。每当走进"学校电影院"的这一刻,孩子们都特别快乐,满脸是幸福的笑容。电影观赏的同时,真正实践"观影之礼",培养学生的集体观。中高年级的创作影评,提升写作的兴趣和能力。

(二)"赏":创作电影海报

学生电影海报的创作,是美术老师们在电影课程中的尝试。每学期的美术课中,安排两课时,专门指导学生对本学期所看的电影进行海报创作。美术老师教给海报设计的方法,从内容的选取,到画面的色调、布局,又到电影片名的艺术写法。孩子们像海绵一样,吸收着海报设计的知识,跃跃欲试。学校美术中心社团定期开设海报设计创作大赛,并组织评比,借助于学校网站、公众号进行宣传推广,激发学生的创作热情。

(三)"演":小剧本大空间

戏剧是一门文学,其生命力的源泉就是生活。编剧本就是用戏剧语言辅以动作等来推动情节发展,进而反映生活。这就需要学生将戏中人物与自己的生活经验相结合,去把握其性格并注意对话语言的表达技巧。表演中的动作也是如此,在潜移默化中培养了学生的美好情操。编剧本后,学生亲身感受人物的生活、用心体验他说的每一句话,就更直接、更感性地理解了人物,不知不觉中被人物身上所具有的品质、精神所感染。

编剧本对学生知识的要求是多方面的。剧本不是课文,不再有大量的叙述性语言,除了有简单的舞台说明外,大部分是对话。对话语言要规范,就要求改写剧本时用词要准确、句子要完整;表演时语音要准确,对话就要与人物性格相符合。这些都需要学生有较扎实的听说读写能力。因此,为了演好某个角色,演员对其中的每一句话,甚至是一个眼神都是反复推敲、试演,在这个过程中,其语文基础知识自然也得到了训练和提高。

编剧本同时又是一种创造性活动。改编是一种创造,表演更是一种创造。"一千个观众就有一千个哈姆雷特",每个学生在阅读课文时都有自己独到的理解。改编后进入表演,他们又会根据实际,结合当代学生的一些特点不断调整、充实,

进行再创造，从而使人物的动作、表情、对话等更具个性化，使得形象更为丰满。

（四）"评"：观·演我来评

学生经历了观、赏、演的课程，用影评的方式表达学生参与课程后的感受、观看电影后的收获、表演剧本后的感想，中高年级的同学进行创作影评，以及采用学生、家长、教师三个维度评价体系，采用调查表、评价表等方式，及时反馈评价。

学校定期开设影评创作大赛，并组织评比，借助于学校网站、公众号进行宣传推广，激发学生的创作热情。

第二章
"观"——
百部电影解读

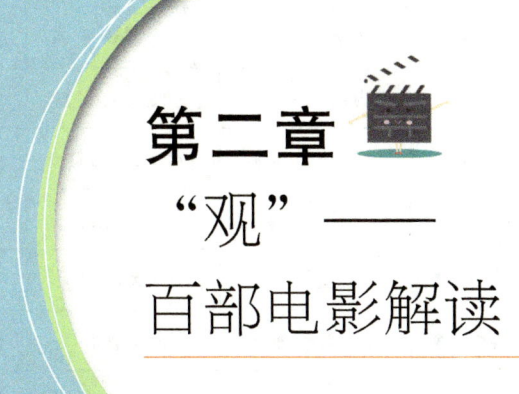

第1节　百部电影名称

《小兵张嘎》	《小鬼当家》	《匹诺曹》	《头脑特工队》	《奇迹男孩》
《绿野仙踪》	《宝莲灯》	《雷锋》	《地道战》	《小王子》
《沉睡魔咒2》	《闪闪的红星》	《大闹天宫》	《秘密花园》	《智取威虎山》
《彼得·潘》	《海角乐园》	《海底总动员》	《寻梦环游记》	《流浪地球》
《鸡毛信》	《鼠来宝》	《怪物史莱克》	《狮子王1》	《伴你高飞》
《天降美食》	《火星救援》	《烈火英雄》	《邓小平》	《飞屋环游记》
《功夫熊猫3》	《千与千寻》	《奇幻森林》	《马达加斯加》	《我的1919》
《恐龙当家》	《中国机长》	《音乐之声》	《超能陆战队》	《辛亥革命》
《攀登者》	《龙猫》	《哪吒之魔童降世》	《机器人总动员》	《建党伟业》
《地心历险记》	《我和我的祖国》	《战狼2》	《战狼》	《冰雪奇缘2》
《爱丽丝梦游仙境》	《汤姆·索亚历险记》	《哈利·波特与魔法石》	《八十天环游地球》	《爱宠大机密》
《弱点》	《当幸福来敲门》	《夏洛的网》	《喃喃老师》	《心灵驿站》
《幸福终点站》	《侏罗纪公园3》	《听见天堂》	《神秘巨星》	《博物馆奇妙夜3》
《冰川时代4》	《茶馆》	《海洋奇缘》	《找到你》	《小飞象》
《南昌起义》	《星际穿越》	《遗愿清单》	《老师·好》	《佐贺的超级阿妈》
《王牌特工·特工学院》	《一条狗的使命2》	《花木兰》	《实习生》	《摔跤吧，爸爸》
《少年派的奇幻漂流》	《马达加斯加的企鹅》	《特警队》	《驯龙高手3》	《海底两万里》
《极地特快》	《绿皮书》	《神偷奶爸3》	《奇异博士》	《红海行动》
《冰河时代》	《疯狂原始人》	《动物特工局》	《公牛历险记》	《帕丁顿熊》
《玩具总动员》	《卡特教练》	《建国大业》	《忠犬八公》	《对不起，谢谢你》

第2节 百部电影分类及简介

一、红色经典类电影

红色经典作品充满了革命激情，再现了中国革命的宏伟历史卷轴；它描写了中国人民为抵抗压迫，追求民族独立和人民解放，建立美好社会制度而进行的生生不息的斗争；它体现了中华民族的自强不息和艰苦奋斗；它展示了一个时代、一个民族对自由和解放的深刻愿望以及为理想社会而奋斗的革命乐观和无所畏惧的精神。红色经典电影是一段历史，更是一种力量。对于年轻一代，看到更多或现实或浪漫的电影作品，会有更多的心理经验和新鲜感，为过去波澜壮阔的历史而感到震撼。

1.《我和我的祖国》（2019）

该片讲述了中华人民共和国成立70周年间普通百姓与共和国息息相关的故事。为保障开国大典国旗顺利升起，林治远争分夺秒排除万难，确保立国大事"万无一失"；为研制中国第一颗原子弹，高远献身国防科技事业，奉献了自己的青春和爱情；为确保五星红旗分秒不差飘扬在香港上空，升旗手朱涛刻苦训练不懈怠、港警莲姐兢兢业业守平安、外交官安文彬与英国人谈判16轮分秒不让；喜迎奥运之际，出租车司机将自己视若珍宝的开幕式门票送给了来到北京的汶川地震孤儿……一个个鲜活生动的普通人的奋斗故事，勾连起一段段难以磨灭的全民记忆。

2.《攀登者》（2019）

1960年，中国登山队首次冲刺珠峰，临时担任队长的方五洲在救助同伴曲松林还是保住曲松林手中的摄像机之间，选择了前者，这让中国登山队虽然成功从北坡登顶，完成了世界登山界认为不可能实现的任务，但因为缺少

环绕山顶拍摄的360度影像资料，这一壮举并不为国际所认可。1975年，中国登山队再度集结。方五洲和曲松林在气象学家徐缨的帮助下，带领李国梁、杨光等年轻队员再次挑战世界之巅。迎接他们的将是更加严酷的现实，也是生与死的挑战。

3.《中国机长》（2019）

四川航空3U8633航班机组执行航班任务时，在万米高空突遇驾驶舱风挡玻璃爆裂脱落、座舱释压的极端罕见险情。机组成员凭借着极少仍在工作状态的仪器，艰难地进行手动驾驶。座舱释压发生时，乘务组立即执行释压处置程序，指导旅客使用氧气面罩，并训练有素地喊出："请大家相信我们，相信我们有信心、有能力带领大家安全落地。"生死关头，英雄机组的正确处置，确保了机上全体人员的生命安全，创造了世界民航史上的奇迹。

4.《战狼》（2015）

在南疆围捕贩毒分子的行动中，特种部队狙击手冷锋违抗上级的命令，开枪射杀了伤害战友的暴徒武吉，后遭到禁闭甚至被强制退伍的处罚。龙小云却十分欣赏这个敢作敢为且业务过硬的血性男儿，将其召入自己的麾下。在新近的一次演习中，冷锋凭借冷静的判断力成功击退了突然出现的狼群。谁知在毫无准备的情况下，战狼遭到了一伙荷枪实弹分子的袭击。原来武吉的哥哥敏登是一个冷酷无情的国际通缉犯，他手下豢养了一大批身怀绝技的雇佣兵。为了给弟弟报仇，敏登派出雇佣兵千里迢迢奔着冷锋而来……

5.《战狼2》（2017）

由于一怒踹死了强拆牺牲战友房子的恶霸，冷锋受到军事法庭的判决。在押期间，亲密爱人龙小云壮烈牺牲。出狱后，冷锋辗转各地，只为寻找杀害小云的凶手。在此期间，冷锋逗留的国家发生叛乱，叛徒红巾军大开杀戒，血流成河。冷锋得知有一位陈博士被困在五十五公里外的医院，而叛军则试图抓住这位博士。从另一位华侨口中得知，杀害小云的凶手正待在这个国家。在无法得到海军支援的情况下，冷锋只身闯入硝烟四起的战场。不屈不挠的战狼，与冷酷无情的敌人展开悬殊之战……

6.《烈火英雄》（2019）

一场滨海城市石油码头的管道爆炸，牵连了整个原油储存区，一座储油量高达10万立方米的储油罐已经爆炸并且泄漏，泄漏的原油随时可能引爆临近的油罐，火灾不断升级，爆炸接连发生，然而这还都不是最恐怖的，火场不远处伫立的危险化学物储藏区，像跃跃欲试的魔鬼等待着被点燃，刹那便能带走几百万人的生命，威胁全市、全省，甚至邻国的安全。在这样的危难时刻，一批批消防队员告别家人，赶赴火场。

7.《红海行动》（2018）

中东国家伊维亚共和国发生政变，武装冲突不断升级，海军护卫舰临沂号，受命前往伊维亚执行撤侨任务。杨锐率领的蛟龙突击队登陆战区，护送华侨安全撤离。谁知恐怖组织扎卡却将撤侨部队逼入交火区，一场激烈的战斗在所难免。与此同时，法籍华人记者夏楠正在伊维亚追查威廉·柏森博士贩卖核原料的事实，而扎卡则突袭柏森博士所在的公司，意图抢走核原料。混战中，一名隶属柏森博士公司的中国员工成为人质。为了解救该人质，八名蛟龙队员必须潜入有150名恐怖分子的聚集点，他们用自己的信念和鲜血铸成中国军人顽强不屈的丰碑！

8.《建党伟业》（2011）

本片是为庆祝中国共产党建党九十周年而制作的献礼影片。《建党伟业》围绕1921年前后展开。该片从1911年辛亥革命爆发开始，一直叙述至1921年中国共产党第一次全国代表大会召开为止共10年间中国所发生的一系列重大历史事件，大体上由民初动乱、五四运动及中共建党三部分剧情组成。

9.《辛亥革命》（2011）

19世纪末20世纪初，清王朝二百多年江山气数将近，内忧外患，时局动荡，正是乱世之际，英雄辈出，中华民族面临着重大的历史变革。以孙中山为首的仁人志士意识到只有民主共和才能救中国，他们组成一个个革命政党，旨在推翻清政府，建立人民当家作主的民主国家。在这一过程中，无数革命者流血牺牲，更多的革命家站出来与落后的封建体制作斗争，终于在武昌打响了辛亥革命的第一枪，谱写了中国近代史上辉煌的篇章。在此期间，黄兴、黎元洪、宋教仁、秋瑾等各方人物轮番登上历史舞台。

10.《智取威虎山》（2014）

1947年冬，为了从土匪手中夺取控制东北九岭上万先遣军的分布图，东北民主联军203小分队队长少剑波委派侦察员杨子荣卧底潜入最大的土匪山头"威虎山"。杨子荣凭借自己的机智应变获得了匪首座山雕和座下八大金刚的赏识，被封为威虎山"老九"。座山雕天生多疑，多次派人试探杨子荣，杨子荣一面与土匪多方周旋，一面涉险为山下战友传出情报。一波未平一波又起，被203小分队生擒的土匪联络副官栾平趁乱逃脱，知道杨子荣卧底详情的他竟出现在威虎寨中与杨子荣当面对质，杨子荣腹背受敌陷入全面危机……

11.《地道战》（1965）

1942年，日军侵华的战火烧到了冀中平原。俯首称臣只有死路一条，奋起反抗才是最终的出路，冀中的人民都动员起来共抗日军，高家庄更是调集了大量民兵。为了对抗日军的飞机大炮，当地人民利用地貌开凿出了一条条错综复杂的地道。民兵队长高传宝利用这些巧妙的地道，率领民兵与日军展开迂回作战。虽然曾因队伍里的败类汤丙会的出卖而吃了不少苦头，但是智勇双全的高传宝最终率领队伍利用地道围剿了日军，清理了汤丙会，并活捉了日军领队山田。地道战的胜利奏响了冀中抗日的最强音。

12.《小兵张嘎》（1963）

抗日战争时期的河北白洋淀，调皮莽撞的少年张嘎目睹奶奶为掩护八路军撤退被日寇杀害后，只身来到县城要找到游击队排长罗金宝，好让他帮忙为奶奶报仇，哪想真遇见罗金宝时，他将对方当作了汉奸，闹了笑话。误会解除后，张嘎梦想成为一名小八路，并想拥有一把枪，结果因为太想得到枪，他不但在和胖墩打赌时要赖，还违反纪律将某次战斗中收缴到的真枪偷偷藏在了树上的鸟窝里，再闹笑话。张嘎可没将笑话当笑话看，想不通的他约上胖墩又来到县城，要自个替奶奶报仇。在县城，张嘎遇到鬼子龟田和胖翻译，一番斗智斗勇，两人没从张嘎身上捞得什么好处。一系列事情经历后，张嘎由鲁莽捣蛋的少年成长为真正的八路军小侦察员。

13.《闪闪的红星》（1974）

故事发生在红军长征离开后的江西苏区。少年潘冬子的父亲响应号召，参加红军抗击敌军去了，只剩下母亲与冬子相依为命。母亲也是抗敌的积极分子，从小耳濡目染的冬子虽然只有11岁，也立下了决心长大参加红军对抗敌军。一天，反动地主胡汉三前来捉拿冬子的母亲，眼看形势危急，冬子妈决定留下来掩护其他群众撤退。在连扔两枚手榴弹炸死多名敌人后，冬子妈亦英勇就义。目睹了妈妈被敌人杀害的惨况，冬子决心用自己的力量为母亲报仇。冬子开始用自己的机智与勇敢与敌人周旋，暗中帮当地的游击队送盐送信。通过与敌人的斗争，冬子渐渐成长，替母亲报仇的时刻也终于来到。

14.《鸡毛信》（1954）

抗日战争时期，华北根据地龙门村有赵姓父子两人，父亲是民兵队中队长，12岁的儿子海娃则是儿童团团长。某天，赵父让海娃给八路军送一封有关攻打日军炮楼的鸡毛信，海娃装扮成放羊娃赶着一群羊携信上路。路途中海娃遇到敌人，急中生智把信藏在绵羊的尾巴之下，逃过一劫。海娃被迫带

路，晚上却趁敌人熟睡取信逃跑，中间信一度得而复失、失而复得，海娃也再落敌人之手。这回，聪明勇敢的他将敌人引上了歧途，而敌人发现上当时，打伤了海娃的手，这时，八路军赶到了。

15.《我的1919》（1999）

1919年，随着第一次世界大战结束，被战火蹂躏的欧洲尚未恢复元气，旨在解决战争遗留问题和奠定和平基础的巴黎和会准备召开，中国作为战胜国之一，派出了时任驻美公使、全权代表顾维钧等五人组成的代表团参加和会。然而在欧美各国以及日本等列强意欲重新划分势力范围的大环境下，中国代表团人数遭到削减，德国在山东的利益眼看也要落入日本之手。顾维钧在会议上慷慨陈词，驳斥日方无理要求，然而公理在利益面前显得多么脆弱。顾维钧好友肖克俭之妻梅专程赶赴巴黎，寻找投身爱国工人运动的克俭。克俭在法国的活动以及国内浩大的群众呼声令和会中的顾维钧等感受到责任重大。

16.《南昌起义》（1981）

1927年夏，奉系军阀在国民革命军二次北伐中惨败。周恩来受指示去找贺龙，了解其面对当下的情况对未来有何打算，贺龙早已厌倦了连年的军阀混战，他当即表示愿意跟着党的方向走。在鲍公馆召开的中共中央全会上，周恩来报告了汪精卫将要向湖北工人纠察队开刀的消息，经研究决定解散纠察队，将人员和好枪加入贺龙部队，保存了实力。汪精卫任命贺龙为二十军军长。7月15日，汪精卫发动反革命政变。周恩来、恽代英和李立三等人提出举行南昌起义，得到中央同意，并委任周恩来为起义前敌委员会书记。

17.《茶馆》（1982）

世纪之交，古老的中国正迎来前所未有的巨大变革。老态龙钟的清朝摇摇欲坠，六君子的鲜血推动了历史车轮的滚动，老北京城的上空风云变幻，波谲云诡。王利发，北京城内裕泰茶馆的年轻掌柜。他谨记父亲的教诲，体面周全地迎送四方宾客。小小的茶馆内，三教九流各色人等穿梭于此：提笼架鸟哀叹时运的松二爷；慨叹国之将亡的常四爷；一心谋求实业救国的秦仲义；丧尽天良买卖人口的刘麻子；打算娶老婆的庞太监……你方唱罢我登场，小小茶馆之内演尽世间的沧桑与凄凉。

18.《雷锋》（1965）

20世纪50年代末，雷锋从鞍钢入伍，成为沈阳军区某部一名汽车兵。入伍后的雷锋扶危济困，乐于助人，一直以艰苦朴素为荣。一次和战友王大力在河边洗衣服，王大力发现雷锋一双破得不能再补的袜子舍不得扔，也舍不得换。不久，王大力家乡闹灾，雷锋以王的名义寄去了钱；出差去辽阳，得知当地洪灾，他以一个解放军战士的名义捐出200元。雷锋还担任驻地校外辅导员，用自己的行动感染身边的孩子们。星期天去看病，路过一个建筑工地，他参加了一天义务劳动；执行任务回连队途中，冒雨送老大娘回家……

19.《邓小平》（2003）

1976年，对于中国人来说是一个极其不寻常的年份。唐山发生了史无前例的大地震，周恩来、朱德等开国元勋以及伟大领袖毛泽东相继辞世。站在历史的十字路口上，中华民族的未来迷茫不清。春雷一声响，十年内乱的"文化大革命"结束以及祸国殃民的"四人帮"一朝铲除。百废待兴之际，世人将目光和复兴的殷切期望寄托在了一个人的身上。他就是开国元勋邓小平，抓教育、促科学、平冤案、纠方针、重实践、复高考。他走入人民中间，力挽狂澜将国家的工作中心转移到现代化建设上来。二十多年励精图治，祖国面貌焕然一新，这正是一曲令人久久铭记的春天的故事……

20.《特警队》（2019）

该片讲述了一队、二队队员置身于训练场不断淬炼自我，对外无惧艰险，

齐心协力捣毁制毒基地、解救人质，共同守护城市安全的故事。蓝剑突击队组织系列实战对抗演练，计划选拔特警队员代表中国参加国际军警技能大赛。身怀绝技的队员们准备在演练中一争高下，突然他们接到新的命令，队内精英被集中起来，协助兄弟单位执行捣毁制毒基地的秘密任务。

21.《建国大业》（2009）

故事从一九四四年抗日战争后期开始，到一九四九年十月一日宣布中华人民共和国成立结束，展现了以毛泽东为核心的中国共产党，与蒋介石反动政府展开针锋相对的斗争。在着重展现抗战胜利重庆谈判、转战陕北、渡江战役等历史画卷的过程中，刻画了以徐敦生、张祁音、景二娃、刘居俭等一批坚强的革命战士，前仆后继勇往直前，为了革命的信仰而英勇斗争，立下了不朽的功勋。同时，以写意的手法，表现了毛泽东、周恩来、朱德等党的第一代领导集体，在历史抉择面前的大智大勇，为新中国的成立立下了丰功伟绩。

二、动画类电影

动画类电影以剧情故事为主导，生动有趣的动画情节，彩笔绘制的鲜明人物，优美动听的音乐可以有效吸引低年级学生的注意力，再者，优秀的动画类电影题材广泛，讲好故事，表达真理，具有深刻的思考和独特的主题。

1.《彼得·潘》（2015）

影片讲述了一个会飞的小男孩彼得·潘和他在永无岛的冒险故事。这个不肯长大的男孩，象征着永恒的童年和永无止境的探险精神。《彼得·潘》是英国国民童话，伦敦奥运会开幕式上，J·K·罗琳向全世界朗诵了能代表这个国度的儿童文学作品，不是她自己写的《哈利·波特》，而是《彼得·潘》，一本关于童心永存不灭的世界儿童文学名著。

2.《爱丽丝梦游仙境》（2010）

  故事叙述一个名叫爱丽丝的女孩从兔子洞进入一处神奇国度，遇到许多奇怪的人和动物。这个地下世界里，似乎只有爱丽丝是唯一清醒的人，她不断追问"我是谁"，在探险的过程中实现自我认知、自我成长。最终惊醒，她发现原来这一切都是自己的一个梦境。书中充满了奇异幻想，却深刻地影射着社会现实。这是一部童话，也是一部"哲学和伦理的参考书"。

3.《匹诺曹》（2008）

  老木匠杰佩托用爱心雕刻了木偶匹诺曹，把他当成真正的男孩悉心抚养。但匹诺曹却非常任性，不愿上学，只想着玩，而且非常爱撒谎，每当他撒谎的时候，鼻子就会变得很长。当他多次不听话且尝到自己酿下的苦果后仍无法控制自己的欲望，逃离学校生活，在经历了一系列惊奇的历险后，匹诺曹终于意识到了自己的问题。最后，他的善良和悔过之心拯救了自己，匹诺曹开始了全新的生活，并且如愿以偿，成为一名真正的男孩。

4.《小王子》（2015）

  小说叙述者是个飞行员，讲了六年前他因飞机故障迫降在撒哈拉沙漠遇见小王子的故事。神秘的小王子来自另一个星球。飞行员讲了小王子和他的玫瑰的故事。小王子为什么离开自己的星球；在抵达地球之前，他又访问过哪些星球。他转述了小王子对六个星球的历险，他遇见了国王、爱虚荣的人、酒鬼、商人、点灯人、地理学家、蛇、三枚花瓣的沙漠花、玫瑰园、扳道工、狐狸以及我们的叙述者飞行员本人。飞行员和小王子在沙漠中共同拥有过一段极为珍贵的友谊。当小王子离开地球时，飞行员非常悲伤。他一直非常怀念他们共度的时光。他为纪念小王子写了这部小说。

5.《寻梦环游记》（2017）

　　一个鞋匠家庭出身的12岁墨西哥小男孩米格，自幼有一个音乐梦，但音乐却是被家庭所禁止的，他们认为自己被音乐诅咒了。在米格秘密追寻音乐梦时，因为触碰了一把吉他而踏上了亡灵土地。每年的亡灵节日，逝去的家人都会返回人间与亲人团聚，但从来还没有人到过亡灵的世界。米格被多彩绚丽的亡灵世界所震撼，而更令他惊喜的是，他重逢了逝去的太爷爷和祖辈们，一家人要想办法将米格重新送回人间。

6.《功夫熊猫3》（2016）

　　当熊猫阿宝为成为真正的神龙大侠做准备的时候，他的生父——熊猫李山突然到访。与此同时，拥有神秘力量的反派天煞登场，妄图制服所有高手，统治武林。相传在与世隔绝的熊猫村有着对抗天煞的力量，为了拯救苍生，阿宝与父亲踏上了归途，而阿宝的好伙伴悍娇虎、金猴、灵蛇、螳螂则一同拖延天煞。阿宝不仅肩负着成为真正的熊猫大侠的使命，还要让村民美美等新伙伴练就新功夫，继承乌龟大师的遗志，共同抵挡天煞。

7.《神偷奶爸3》（2017）

　　洗心革面之后，格鲁作为特工成绩斐然，却因未能打败坏小子巴萨扎·布莱德而被新局长扫地出门。就在此时，他收到一封远方来信，这才得知自己原来还有一个双胞胎兄弟德鲁。在德鲁盛情邀请下，格鲁带着妻子露西·王尔德以及玛戈、伊迪丝和阿格蕾丝来到了他亲生父亲所居住的地方探亲。德鲁天真烂漫，却一心想和哥哥搭档成为坏蛋二人组。格鲁虽然暂时回归狂野，可正义之心并未泯灭。尤其当巴萨扎邪恶的计划和三个可爱的孩子牵扯到一起时，他再也无法坐视不理……

8.《驯龙高手3》（2019）

　　主人公们不断成长，寻找面对未知的勇气，始终不离不弃。一位维京少年和一只令人生畏的夜煞飞龙之间看似不可能的友情，已经演变成一段史诗级冒险旅程。统领伯克岛的首长嗝嗝，与阿丝翠德共同打造了一个奇妙而热闹的飞龙乌托邦。一只雌性光煞飞龙的意外出现，加上一个前所未有的威胁的到来，令嗝嗝和没牙仔不得不离开自己唯一的家园，前往他们本以为只存在于神话之中的隐秘之境。在发现自己真正的命运之后，飞龙与骑士将携手殊死奋战，保护他们所珍爱的一切。

9.《疯狂原始人》（2013）

　　原始人咕噜一家六口在老爸瓜哥的庇护下，在山洞里过着一成不变的生活。没想到世界末日突然降临，山洞被毁，一家人被迫离开家园，离开了居住了"一辈子"的山洞。展现在他们眼前的是一个崭新绚丽却又充满危险的新世界，到处都是食人的花草和叫不出名字的奇异鸟兽，一家人遇到了前所未有的危机。在旅途中，他们还遇到了游牧部落族人盖，他有着超凡的创造力和革新思想，帮助咕噜一家躲过了重重困难，途中他还发明了很多"高科技"产品，并让他们知道了原来生活需要"用脑子"，走路需要"鞋子"，等等。一行人在影片中展开了一场闹腾而又惊险的旅程。

10.《冰雪奇缘2》（2019）

　　历经严酷考验，阿伦戴尔王国终于回归往日平静。艾莎女王、安娜公主以及她们的好友雪宝、克里斯托弗、驯鹿斯文过着平静安逸的生活。可是最近一段时间，艾莎总会被一段神秘的吟唱所困扰，为了追寻真相，她义无反顾踏上了征途。担心姐姐的安全，安娜和雪宝、克里斯托弗他们紧紧跟随。在那座常年被浓雾所笼罩的森林里，不仅藏着神秘的自然力量，更隐藏着关于阿伦戴尔王国、艾莎的魔法来源以及两位公主父母丧生等一系列的秘密。艾莎开启了一段寻找自我的旅程……

11.《爱宠大机密》(2016)

位于纽约的一栋红色公寓中,狗狗麦克陪伴它的主人凯蒂过着平凡而幸福的生活。它不明白主人为什么每天早出晚归,总希望凯蒂能时时刻刻陪伴着它。这天傍晚,主人带回了一条身形庞大的狗狗杜老大,顿时让麦克感觉如天塌了一般。它想办法撵走杜老大,而对方也以牙还牙,你争我斗的过程中,两个小家伙遭到抓狗队的围捕。在此期间,它们邂逅了兔子小白率领的堕落宠帮,经历了史无前例的大冒险。另一方面,麦克的暗恋者啾啾则号召伙伴们,要将善良可亲的朋友救回来。主人不在家,宠物们展开了惊心动魄的大作战……

12.《飞屋环游记》(2009)

卡尔和艾丽都酷爱探险,他们梦想去南美洲的"仙境瀑布"探险,但直到艾丽去世,这个梦想也未能实现。终于有一天,老人卡尔用五颜六色的气球拽着他的房子飞上了天空,他决定要去实现他们未曾实现的梦想。令卡尔始料不及的是,门廊居然搭上了一个自称是"荒野开拓者"的小男孩小罗,小罗的喋喋不休让卡尔对这个小胖墩格外讨厌,但在相处过程中,卡尔发现小罗其实是个惹人怜爱的孩子。步行穿越一座森林时,他们遇到了不会飞的大鸟凯文和一只会说话的狗狗逗逗。一老一少在飞行中经历了千难万险,终于看到了传说中的"仙境瀑布"。

13.《头脑特工队》(2015)

可爱的小女孩莱莉出生在明尼苏达州一个平凡的家庭中,从小她在父母的呵护下长大,脑海中保存着无数美好甜蜜的回忆。当然这些记忆还与几个莱莉未曾谋面的伙伴息息相关,他们就是人类的五种主要情绪:乐乐、忧忧、怕怕、厌厌和怒怒。乐乐作为团队的领导,她协同其他伙伴致力于为小主人营造更多美好的珍贵回忆。某天,莱莉随同父母搬到了旧金山,肮脏逼仄的公寓、陌生的校园环境、逐渐失落的友情都让莱莉无所适从，她的负面情绪逐渐累积，内心美好的世界渐次崩塌。为了保护这一切，乐乐只有行动起来……

14.《冰川时代4》（2012）

《冰川时代4》讲述的依然是那些生活在冰川时期的特殊动物"家庭"经历的冒险故事。那只永远追着松果、无比执着又倒霉的小松鼠奎特这次搞出了更大的事件，一个不小心让大陆板块四分五裂，使得猛犸象曼尼、树懒希德以及剑齿虎迪亚哥因此和家人伙伴失散分离，在板块激烈的运动并分裂漂移后，只能使用一块流冰作为临时的船只，展开一段惊奇的海上大冒险。在海上他们会遭遇险恶的自然环境，也会遇到海盗，而回家与家人团聚是他们的终极愿望，他们最后能否顺利回家呢？

15.《马达加斯加的企鹅》（2014）

为了给菜鸟庆生，老大带领好搭档科斯基、瑞哥闯入美国黄金储备中心，只为找到金库尽头仅有的那台销售炸薯条的自动贩卖机。谁知他们刚刚完成任务没多久，便被长着触角的贩卖机吞了进去，随后被运到一个神秘的所在。在全封闭的设施内，四只企鹅见到了伪装成基因遗传科学家的章鱼戴夫。原来戴夫曾是动物园的明星章鱼，但随着萌态十足的企鹅们的到来，他便跌入了绝望的深谷。因此戴夫潜心研制了可怕的血清，发誓要向所有他曾待过的动物园中的企鹅展开报复。老大和伙伴们在逃亡途中得到北风特工队的救助，而他们和这些高傲的特工队员将分别阻止戴夫的阴谋……

16.《哪吒之魔童降世》（2019）

天地灵气孕育出一颗能量巨大的混元珠，元始天尊将混元珠提炼成灵珠和魔丸，灵珠投胎为人，助周伐纣时可堪大用；而魔丸则会诞出魔王，为祸人间。元始天尊启动了天劫咒语，3年后天雷将会降临，摧毁魔丸。太乙受

命将灵珠托生于陈塘关李靖家的儿子哪吒身上。然而阴差阳错，灵珠和魔丸竟然被掉包，本应是灵珠英雄的哪吒却成了混世大魔王。调皮捣蛋、顽劣不堪的哪吒却徒有一颗做英雄的心，然而面对众人对魔丸的误解和即将来临的天雷，哪吒是否命中注定会立地成魔？他将何去何从？

17.《狮子王1》（1994）

辛巴是狮子王国的小王子，他的父亲木法沙是一个威严的国王，然而叔叔刀疤却对木法沙的王位觊觎已久。要想坐上王位宝座，刀疤必须除去小王子。于是，刀疤利用种种借口让辛巴外出，然后伺机大开杀戒，无奈被木法沙及时来救。在反复的算计下，木法沙惨死在刀疤手下，刀疤别有用心地劝辛巴离开，一方面派人将他赶尽杀绝。辛巴逃亡中遇到了机智的丁满和善良的彭彭，他们抚养辛巴长成雄壮的大狮子，鼓励他回森林复国。在接下来一场复国救民的斗争中，辛巴真正长成一个坚强的男子汉，领会了责任的真谛。

18.《宝莲灯》（1999）

该片根据同名中国神话改编。天神爱上凡人，这原本就是不被允许的事情，但是，天宫中的三圣母却执意爱上了人间书生刘彦昌。三圣母不顾二郎神的反对，带着神器宝莲灯私下凡间，与刘彦昌私定终身，并生下一子取名叫沉香。平静幸福的七年很快就过去了，有一天二郎神突然下凡，用小沉香威胁三圣母交出宝莲灯，并将她压在华山下，一个美好的家庭由此破碎。沉香从土地神口中知道了自己的身世，为了夺回宝莲灯，救出母亲，由此踏上了艰辛的寻母之路。多年的磨炼，让沉香成长为一个英勇的少年，并在孙悟空的点拨下，获得一把神斧。最终宝莲灯与沉香合二为一，战胜了二郎神，他劈开华山，救出了母亲。

19.《超能陆战队》（2014）

热爱发明创造的天才少年小宏，在哥哥泰迪的鼓励下参加了机器人专业的入学大赛。他凭借神奇的微型磁力机器人赢得一致好评，谁知突如其来的灾难却将小宏的梦想和人生毁于一旦，而哥哥为了救出受困的卡拉汉教授命丧火场。身心饱受创伤的小宏闭门不出，治疗型机器人大白则成为安慰他的唯一伙伴。小宏和大白竟意外发现有人在某座废弃工厂内大批量地生产他的发明，稍后哥哥的朋友们弗雷德等人也加入进来，他们穿上超级战士战斗装备，和怀有险恶阴谋的神秘对手展开较量……

20.《天降美食》（2009）

在不久的将来，地球上的居民日益增多，吃饭问题成了全球面临的当务之急。从小就热爱发明，折腾出各种稀奇古怪东西的科学家弗林特最近一直在致力于解决这个问题，不过他的研究途径可和其他科学家不那么一样。他认为要解决人类的吃饭问题，有一个办法是最有效的：让食物像雨雪一样直接从天上落下来，送到每家每户的门口。大家都以为他疯了，不过，谁都没有想到，弗林特居然成功了。彩色的云朵载着无数美食飞来。事情渐渐开始失控，因为美食不停地掉下来，不但吃不完，连大家出行都有了困难，弗林特不得不进行新一轮的研究。

21.《花木兰》（1998）

花木兰是家中的长女，性格爽朗率真。此时收到了北方匈奴进犯的消息，朝廷召集各家各户的壮丁，父亲也在名单之内。木兰不忍年迈残疾的父亲征战沙场，决定割掉长发，偷走父亲的盔甲，女扮男装代父从军。花家的祖先为了保护木兰，便派出了心地善良的木须从旁帮忙。从军的过程中，木兰凭着坚强意志，通过了一关又一关的艰苦训练，她的精神也感动了所有战友。就在战况告急的时候，她也被发现了女子的身份，她被遗留在雪地中，而最后也是她的及时出现，顺利协助大军击退了匈奴。

22.《千与千寻》(2001)

千寻和爸爸妈妈一同驱车前往新家，在郊外的小路上不慎进入了神秘的隧道——他们到了另外一个诡异世界——一个中世纪的小镇。远处飘来食物的香味，爸爸妈妈大快朵颐之后变成了猪！这时小镇上渐渐来了许多样子古怪、半透明的人。千寻仓皇逃出，一个叫小白的人救了她，喂了她阻止身体消失的药，并在小白的帮助下幸运地获得了一份在浴池打杂的工作。渐渐她不再被那些怪模怪样的人吓倒，一次，千寻发现小白被一群白色飞舞的纸人打伤，为了救受伤的小白，她用河神送给她的药丸驱除了小白身体内的封印以及守封印的小妖精，但小白还是没有醒过来。为了救小白，千寻又踏上了她的冒险之旅。

23.《海底总动员》(2003)

在澳洲大堡礁的深海中，小丑鱼爸爸玛林和儿子尼莫简单幸福地生活着，可是爸爸做事常常畏首畏尾，是个胆小鬼，尼莫觉得爸爸很不勇敢，甚至有点看不起自己的爸爸。小尼莫却天不怕地不怕，跟同伴们去水面玩耍的时候，竟然被渔网捞了起来，辗转被卖到一家牙医诊所。玛林对儿子的生死未卜感到十分的担忧，就算平时不能大胆行事，为了儿子也要勇敢豁出去了。可是在路上遇到了很多艰难与恐惧，令他十分胆怯。幸好他遇到了好心的多瑞，一路与他做伴。父子俩都遇到了很多热心的帮助，最终重逢，玛林也从此成为儿子以及大家心中的英雄。

24.《小飞象》(2019)

过气马戏明星霍尔特与儿女米莉和乔一起，照顾刚出生就因耳朵巨大而受到嘲笑的小飞象。当三人发现小飞象真的会飞时，原本苦苦挣扎的马戏团重获新生，也招来企业家 V.A. 范德维尔的注意，邀请小飞象加入他旗下不同凡响的游乐设施——梦想王国。在那里，小飞象与迷人的空中杂技演员柯蕾特一起展翅高飞，但霍尔特却发现梦想王国光鲜的外表之下，藏着无数黑暗的秘密。范德维尔为了逼迫小飞象继续表演竟要杀死它的妈妈，还将马戏团的其余员工全部解雇。为了解救小飞象一家，霍尔特联手马尔尚和马戏团工作人员策划了一场逃跑。最后小飞象一家平安团聚。

25.《鼠来宝》（2007）

故事讲的是在一次偶然间，一位叫戴维·塞维尔的作曲家与三只小花栗鼠相遇，但令戴维惊讶的是，这三个顽皮胡闹的小家伙不仅会说话，而且还能和声唱歌。他和这些小家伙达成协议：它们可以在家中居住，并且提供三餐还有在每晚八点前优先看电视的权利。自此，一系列有趣的事情便接踵而来了。

26.《龙猫》（1988）

小月的母亲生病住院了，父亲带着她与四岁的妹妹小梅到乡间居住。她们对那里的环境都感到十分新奇，也发现了很多有趣的事情。她们遇到了很多小精灵，来到属于她们的环境中，看到了她们世界中很多的奇怪事物，更与一只大大胖胖的龙猫成为朋友。龙猫与小精灵们利用他们的神奇力量，为小月与妹妹带来了很多神奇的景观，令她们大开眼界。妹妹小梅常常挂念生病中的母亲，嚷着要姐姐带着她去看母亲，但小月拒绝了。小梅竟然自己前往，不料途中迷路了，小月只好寻求她的龙猫及小精灵朋友们帮助。

27.《怪物史莱克1》（2001）

史莱克生活在平凡的世界中——他本身是一个其貌不扬的怪物，绿色的身体，古怪的脾气，不爱干净的懒散生活。这天他家里来了几个不速之客，他们告诉史莱克，自己来自一个残暴国王统治下的王国，现在已经无家可归了。而且，那个残暴的国王还掠夺了一个美丽非凡的公主，打算强占为妻。史莱克虽说丑陋，却内心善良。在领主的威逼下，他只能前去搭救公主，同

时心想一睹公主芳容。路上，他遇到了一个话痨骡子，骡子知道了史莱克的事迹，决定忠心耿耿为之效劳。前路有喷火恶龙等着和他们搏斗，他们能不能闯过难关呢？

28.《恐龙当家》（2015）

6500万年前，一颗小行星与地球擦肩而过，恐龙懵懵懂懂地逃过了灭顶之灾。之后又过了数百万年，恐龙的智力得到进化，它们学会种植、畜牧、建筑，并且拥有属于自己的语言和家庭。某座山脚下的平原地带，雷龙一家迎来三个性格各异的娃娃。最小的阿洛孱弱胆怯，一连串的事件过后，他与妈妈、哥哥、姐姐相隔万里。阿洛将这一切都归罪于原始人类的小孩点点。点点似乎不为所动，他主动亲近阿洛，仿佛是一条忠诚勇敢的小狗。在充满坎坷和危险的回家之路上，阿洛与点点结伴而行，而这两个本不该碰面的恐龙和人类，将缔结超越了种族和时空的纯真友情……

29.《玩具总动员》（1995）

小主人家境富裕，拥有一屋的玩具。其中他最爱的是牛仔玩偶胡迪，胡迪因此成为众玩具的"老大"。当小主人出门在外时，一屋的玩具自成世界，过着自己的生活。一天，小主人带回了一个新的玩具：太空战警巴斯光年。巴斯光年长相新奇，功能先进，令小主人爱不释手，威胁到了胡迪的地位。胡迪千方百计要赶走巴斯光年，一不小心二人一起掉出了房间窗口，邻居的恶狗在狂吠，邻居的小孩是一个玩具虐待狂，胡迪和巴斯光年能不能化敌为友，消灾解难呢？

30.《大闹天宫》（1961）

话说在东土傲来国有一座花果山，山上有一尊石猴吸收日精月华化身为一只神猴，统领着山中的猴子猴孙。为求得一件称心的宝贝，神猴孙大圣潜入龙宫，强硬求来大禹治水时的定海神针如意金箍棒。东海龙王心有不甘，于是上天将此事诉诸玉帝。玉皇大帝命令太白金星下界招安，许以爵位。不知有诈的孙大圣欣然前往，却发现只是负责养马的弼马温。得知受骗的猴王反下天庭，与天兵天将在花果山展开大战……

31.《马达加斯加》（2005）

在纽约的中央公园里，生活着这样一群无忧无虑的好朋友：狮子亚利克斯、斑马马蒂、长颈鹿麦尔曼以及胖河马格洛丽亚。他们的性格开朗活泼，因此每天的生活都过得丰富多彩。直到有一天，一群流浪的企鹅令斑马马蒂产生了一个大胆的念头，那就是逃出动物园，探寻自己的故乡，寻找新世界。于是，没有通知其他朋友，马蒂悄悄上路了。这下可急坏了朋友们，亚利克斯和其他几个朋友也逃出了中央公园，踏上了寻找马蒂的旅途。

32.《动物特工局》（2020）

三名黑衣人潜入仓库偷走了核电核，特工张大威通过线索锁定小偷为动物医院的工作人员。他深入医院调查，拍档阿丘也假扮病号潜入医院想协助张大威，但张大威认为阿丘是个累赘总试图摆脱他。随着张大威调查医院的熊医生、兔子、蝙蝠等人，他慢慢接近事实的真相——熊医生和兔子等人就是盗窃核电核的小偷，而他们盗窃的原因又那么的温情和让人感动。张大威决定保护熊医生等人，而不明真相的特工局向医院发起攻击，张大威和医院的众人团结一致奋起抵抗。

33.《帕丁顿熊》（2014）

一只喜欢吃果酱的秘鲁小熊从暗无天日的秘鲁抵达伦敦，在伦敦的帕丁顿站迷路了，它待在失物招领处外，坐在一只被压扁的行李箱上，大衣上挂着一个牌子：请照顾这只熊，谢谢。于是它被一个人类家庭所收留，并与他们朝夕相处。因为小熊的秘鲁名字没人能明白，所以善良的人类家庭就根据车站的名字给这只小熊起名叫帕丁顿，它见到的每个人都对其喜爱有加。但

是，只有米莉森特除外，她是一个恶毒的博物馆长，一心只想着把这个可爱的小家伙制成标本关进她的博物馆里。

34.《公牛历险记》（2017）

影片根据曼罗·里夫1936年经典童书《爱花的牛》改编，讲述西班牙一头名为"费迪南德"的公牛的爆笑历险故事。费迪南德体型健壮，却心地善良性格温和，它被误认为是危险的野兽，从而被捕送往他乡，被逼做一只"斗牛"。为回到家人身边，它不得不踏上了一场终极冒险旅程……

35.《冰河时代》（2014）

阿拉伯大陆板块的突然移动，引发了强烈的大地震，同时带来了海啸，这样的威力不仅摧毁了附近执行任务的战斗机，甚至掀翻了航空母舰。剧烈的大陆移动也导致天气变得越来越不稳定，尤其是夜幕降临时温度急剧下降，寒冷突然来袭，全球陷入一片恐慌与混乱之中。美国琼斯一家此时正在埃及度假，逢此浩劫的琼斯试图逃往安全的区域，希望有人能帮助他们一家度过此次劫难。地球再次迎来一个新的冰河时代，狮身人面像、金字塔、撒哈拉沙漠都覆盖在皑皑白雪之中。

三、科幻冒险类电影

科幻电影的主题主要有：善恶分明，宣扬弃恶扬善的观点；追求真善美，讲究人与人之间的和谐关系；宣扬人与自然的和谐相处，呼吁人类保护当前的自然环境；乐观面对人类的未来，同时对未来充满了美好的愿望。以善恶二元对立来彰显人性，以真善美来凸显和谐的人与人、人与环境、人与自然的关系。组织学生观看科幻冒险类的电影，让他们在英雄故事、童话传说故事、恐怖故事中出现的魔法世界、灵异世界、虚幻世界里，观察到人具有了超能力，或者能见到神怪魔兽，得到超越了现实的体验，满足了儿童对未来世界的想象和好奇心。科幻电影虽然都是虚构的，但却有着自己独特的风格。与现实题材的电影相比，它虽虚幻但更接近人类的理想，是人类对美好生活的向往；与文艺电影相比，它更为轻松诙谐，内容更加贴近生活，适合高年级学生观看。

1.《海底两万里》（1997）

影片改编自法国著名科幻作家儒勒·凡尔纳的同名小说。主要讲述诺第留斯号潜艇在海底环球旅行的故事。在这部作品中，儒勒·凡尔纳对海洋的幻想发挥到了极致，展示了人类意志的坚忍和勇敢。

2.《八十天环游地球》（1989）

儒勒·凡尔纳被誉为"科幻小说之父"，他的小说中包含丰富的历史、地理知识，多有科学根据，许多的科幻事物在现在都成为现实。影片改编自同名小说，讲述了福格先生与仆人路路通共同环游世界，一路冒险的故事。英国人福格先生与朋友打赌，能在80天内环游地球一周回到伦敦。故事生动幽默，妙语连珠，特别能激发孩子热爱科学、向往探险的热情。

3.《地心历险记》（2008）

德国科学家李登布洛克教授受前人萨克努塞姆一封密码信的启发，偕同侄子阿克塞尔和向导汉斯，进行了一次穿越地心的探险旅行。他们从冰岛的斯奈菲尔火山口下降，一路上克服了缺水、迷路、风暴等各种苦难，终于在一次火山喷发中从西西里岛的斯德隆布利火山回到地面。

4.《奇幻森林》（2016）

印度丛林里，虎口逃生流落丛林的婴儿毛克利被狼妈妈收养，在狼兄弟的陪伴和狼王、黑豹及老熊的教导下，逐渐成长为机智勇敢、通晓丛林法则的丛林王子。

5.《汤姆·索亚历险记》（2011）

　　主人公汤姆·索亚是个调皮但是善良可爱的孩子，故事讲述了他和好朋友费恩的冒险经历。贪玩、渴望冒险、不喜欢被约束，是每个孩子的天性。影片中，汤姆·索亚的天性得到充分发挥。让孩子跟着这个机智勇敢的小主人公，共同感受勇敢的力量、冒险的精神、人生的温馨和自由的可贵。

6.《秘密花园》（1993）

　　这是一个经典的童话故事，在美国经常被学校老师当作英语教材，因为它的语言平易而又极为传神，同时思想丰富。故事讲述了性情古怪孤僻的小女孩玛丽无意中闯入久已禁闭且荒芜的花园的一次神奇经历。作者以秘密花园的"复活"为衬托，告诉孩子在人生之路上要学会微笑面对人生，战胜自己，战胜磨难。每个人都应该有乐观的生活态度，永远不要放弃自己。

7.《少年派的奇幻漂流》（2012）

　　派的父亲开了一家动物园。因这样特殊的生活环境，少年派对信仰与人的本性自有一套看法。在派17岁那一年，他的父母决定举家移民加拿大以追求更好的生活。在前往加拿大的船上，他们遇见一位残忍成性的法国厨师。当天深夜在茫茫大海中，暴风雨一瞬间吞噬货船，家人全部丧生，派却奇迹般地活了下来，搭着救生船在太平洋上漂流，而且有一名最令人意想不到的同伴——理查德·帕克，一只孟加拉老虎。之后，他与这只孟加拉虎在救生小船上漂流了227天，人与虎建立起一种奇特的关系，并最终共同战胜困境获得重生。

8.《哈利·波特与魔法石》（2001）

　　哈利·波特是一个孤儿，从小寄养在姨妈家，受尽欺凌。11岁生日的时候，他意外收到了霍格沃茨学院的入学通知书。哈利从该学院派来接他的巨人海格口中得知，这是一所魔法学院，并得知了自己的身世。哈利进入霍格沃茨后，表现出了超乎想象的飞行天赋，得到麦格教授的推荐进入了格兰芬多的魁地奇球队。另一方面，哈利发现霍格沃茨学院内有一股黑暗势力似乎在暗暗滋长，揭开谜团的关键就在有凶恶的三头犬守护的房间内。哈利、罗恩和赫敏三个好朋友决定探个究竟。

9.《流浪地球》（2019）

科学家们发现太阳急速衰老膨胀，为了自救，人类提出一个名为"流浪地球"的大胆计划，即倾全球之力在地球表面建造上万座发动机和转向发动机，推动地球离开太阳系，用2500年的时间奔往另外一个栖息之地。中国航天员刘培强在儿子刘启四岁那年前往国际空间站，和国际同侪肩负起领航者的重任。转眼刘启长大，他带着妹妹朵朵偷偷跑到地表，偷开外公韩子昂的运输车，结果不仅遭到逮捕，还遭遇了全球发动机停摆的事件。为了修好发动机，阻止地球坠入木星，全球展开饱和式营救，连刘启他们的车也被强征加入。在与时间赛跑的过程中，无数人前仆后继，奋不顾身，只为延续百代子孙生存的希望。

10.《星际穿越》（2014）

二十一世纪中期，地球气候异常，时常沙尘暴肆虐。因环境急剧恶化，作物难以种植，地球粮食短缺，人类生存受到巨大的威胁。库珀发现美国航空局前成员在一个秘密基地实施拯救人类的计划。布兰德博士告知库珀土星出现了虫洞，前往太空拯救人类。这部影片带领我们踏上了太空探索之旅。

11.《火星救援》（2015）

影片改编自安迪·威尔的同名科幻小说。载人航天宇宙飞船阿瑞斯3号成功抵达火星，谁知一场破坏力极其巨大的风暴袭来，阿瑞斯3号被迫中断任务，紧急返航。撤离途中，宇航员马克·沃特尼被飞船上吹落的零件击中，

由于生还希望渺茫,队友们只得匆匆返航,并向世人宣告他已牺牲的事实。出乎意料的是,马克以极低的概率活了下来。他躲进驻火星的航天基地疗伤。下一次火星任务要等到四年后,而基地内的补给仅够他维持31天。短暂的绝望后,马克决定利用有限的食物,在这颗空无一人的星球上种植作物,寻找一线生机。与此同时,地球方面也很快发现马克生还的事实,他们想尽办法部署营救计划。孤军奋战的马克,能否等到救援队伍的到来?

12.《奇异博士》(2016)

斯特兰奇博士是一名外科手术医生,他拥有着高超的智商和精湛的技艺,是医院乃至整个医学界的传奇人物。某一日,斯特兰奇博士遭遇了一场可怕的车祸,尽管保住了双手,但这双手伤痕累累不住颤抖,这也就意味着,他再也不能拿起手术刀站在无影灯下了。斯特兰奇博士的生活就此失去了意义陷入了绝望之中,他决定远赴尼泊尔,寻找传说中能够治愈他双手的神秘力量。在尼泊尔,风尘仆仆的斯特兰奇博士拜入了神秘的古一法师门下,成为其弟子,与此同时,古一法师曾经的弟子卡西利亚斯亦在虎视眈眈,企图完成他获得永生的大业。

13.《机器人总动员》(2008)

公元2700年,人类文明高度发展,却因污染和生活垃圾大量增加使得地球不再适于人类居住。地球人被迫乘坐飞船离开故乡,进行一次漫长无边的宇宙之旅。临行前他们委托Buynlarge的公司对地球垃圾进行清理,该公司开发了名为瓦力(地球废品分装员)的机器人担当此重任。这些机器人按照程序日复一日、年复一年辛勤工作,但随着时间的流逝和恶劣环境的侵蚀,瓦力们接连损坏、停止运动,最后只有一个仍在进行这项似乎永无止境的工作。经历了漫长的岁月,它开始拥有了自己的意识。它喜欢将收集来的宝贝小心翼翼藏起,喜欢收工后看看几百年前的歌舞片,此外还有一只蟑螂朋友做伴。直到有一天,一艘来自宇宙的飞船打破了它一成不变的生活……

14.《侏罗纪公园3》（2001）

继索纳岛恐龙逃亡事件过去已有八年，艾伦·格兰特博士无论如何也不愿再返回那个鬼地方。虽然发下重誓，但现状不得不让他收回誓言。他的一项史前动物研究陷入资金紧张的窘境。而这时，富有的商人保罗·科比及其夫人阿曼达找到艾伦，邀请他作为向导带他们乘飞机前往索纳岛观光。一方面酬劳颇丰，一方面又得知不用着陆小岛，好了伤疤忘了疼的艾伦接受了他们的邀请。然而事情却朝相反的方向发展，他们的飞机最终迫降小岛。至此他才得知，原来科比夫妇来此的目的竟是为了寻找失踪的儿子。与此同时他还发现，经过八年的自然进化，恐龙中最聪明的速龙竟然拥有了自己赖以交流的语言。这一次他的对手不仅凶恶，而且更为狡猾……

15.《绿野仙踪》（1939）

本片根据美国同名童话改编。美丽善良的小女孩桃乐茜和叔叔亨利、婶婶埃姆住在堪萨斯州的农场里，桃乐茜的小狗"托托"总是追咬多尔西家的猫，为了不让自己的爱犬被警察带走，桃乐茜决定带着小狗托托暂时离开，就在她们刚要离开的时候，却被一股强大的龙卷风袭击，来不及躲进地洞的桃乐茜连同叔叔的房子被卷进了空中，没想到，她们被这场不期而至的龙卷风刮到了另一个国度，开始了奇幻的旅行。

16.《海角乐园》（1960）

一个瑞士家庭在移民海外时，他们所乘的那艘船不幸遭遇海难，幸运的是他们一家人都流落到了一个热带荒岛之上。刚到荒岛上，一家人感到很迷惘，不过他们逐渐克服了生活上的困难。在以后的日子里，他们以乐天的生活态度将这个荒岛变成了人间天堂。这是一部相当有趣的家庭冒险片，既惊险又惹笑，是同类电影片的代表作，其中一家人与动物赛跑的那场戏是全片的高潮。

17.《极地特快》（2004）

小男孩始终坚信圣诞老人的存在，但周围的大人和玩伴都认为这只是他天真的一厢情愿。圣诞前夕，小男孩终于因为他的坚持而得到了回报，睡梦中的他忽然感到屋子颤抖起来了，一列长长的火车停在了他的家门口。当他战战兢兢打开房门时，和蔼的列车长邀请他参加北极的圣诞派对。惴惴不安的小男孩踏上了火车，发现很多和他一样的小伙伴。于是，兴奋不已的小男孩开始了他的北极狂欢之旅。这部影片诠释了梦想的价值，满足了孩子对圣诞节的全部好奇心，用孩子的眼睛，发现生活中的真实。

18.《海洋奇缘》（2016）

在2000年前的南太平洋小岛上，居住着一个爱好航海的波利尼西亚人部落，部落酋长有一个独生女叫莫阿娜，她一心想去探索临近的岛屿，却遭父亲反对。于是，莫阿娜偷偷划船溜出岛，去寻找传说中的岛屿。她有两位同行的伙伴，一个是公鸡憨憨，一个是猪。莫阿娜一行在一座小岛上搁浅了，这时一座图腾雕像毛伊活了，他是南太平洋岛国神话里的超级英雄，可以变成鸟儿，身上刻着很多可以活过来的文身，还有一个法宝是魔法鱼钩。接下来莫阿娜就和他一起前往开放的海洋、克服各种凶险，完成祖先在一千年前未实现的航程。

四、好莱坞类电影

类型电影是好莱坞电影在其全盛时期所特有的一种创作方法，实质上是一种艺术产品标准化的规范。人们通常根据影片的不同题材或技巧来归纳影片的类型。根据不同年级学生的特点，我们筛选了一部分比较经典的好莱坞电影，有西部片、歌舞片、喜剧片等，满足低年级学生的趣味性、中年级学生的好奇心、高年级学生的思维性。一般认为，类型电影有三个基本元素：一是公式化的情节，如西部片里的铁骑劫美、英雄解围；强盗片里的抢劫成功、终落法网等。二是定型化的人物，如除暴安良的西部牛仔或警长，至死不屈的硬汉，仇视人类的不良科学家等。三是图解式的视觉形象，如代表邪恶凶险的森林，预示危险的宫堡或塔楼，象征灾害的实验室里冒泡的液体等。这类电影情节模式是固定的，虚设悬念，其结局自影片开始时已然明了，对学生来说情节简单明了，通俗易懂，这类电影往往颇有刺激性，所以能引起学生的兴趣。一部好影片传递了正确的人生观与价值观，讨论了关于生死、关于选择、关于责任、成长与自由的人间命运纠葛主题，保持善良，认清自我，也关于勇敢追寻自己的梦想，不同类型的电影带领孩子用不同的视角看待世界。

1.《博物馆奇妙夜3》（2015）

纽约自然博物馆重新开张，小保安赖瑞·戴利带领泰迪·罗斯福策划了精彩的开幕演出。谁知演出没多久，泰迪、猴子他们便陷入混乱，所有博物馆的伙伴大闹会场，赖瑞为此焦头烂额。事后他发现，复活黄金碑正被绿色的物质腐蚀，导致了藏品们的疯狂。赖瑞查找资料，他决定前往大英博物馆求助法老王阿卡曼拉的父亲，当然那堆搞怪的藏品也都尾随而至。途中他们遇见了圆桌骑士兰斯洛特爵士，还和屋大维等伙伴走散。久违的奇妙冒险，就在夜幕下的大英博物馆展开……

2.《沉睡魔咒2》（2019）

《沉睡魔咒2》讲述魔女玛琳菲森和将成为女王的爱洛公主关系缓和但依旧复杂，不过两人要联手对付新的反派，保护森林王国和那里神奇的动物们。

3.《当幸福来敲门》（2008）

克里斯用尽全部积蓄买下了高科技治疗仪，到处向医院推销，可是价格高昂，接受的人不多。就算他多努力都无法给妻儿提供一个良好的生活环境，妻子最终选择离开家。从此他带着儿子克里斯托夫相依为命。克里斯好不容

易争取来一个股票投资公司实习的机会，就算没有报酬，成功机会只有百分之五，他仍努力奋斗，儿子是他的力量。他受尽白眼，与儿子躲在地铁站的公共厕所里，住在教堂的收容所……他坚信，幸福明天就会来临。

4.《弱点》（2009）

黑人男孩奥赫自幼父母离异，无家可归。不过，木讷的他却因为极强的身体条件和运动天赋，幸运地进入了一家孤儿院。虽然，他科科零分，但是一些细节却让他显得与众不同。一次排球比赛后，他主动收拾垃圾的行为，引起了陶西一家的注意。于是，陶西太太决定收养奥赫，并把他培养成橄榄球选手。陶西太太让他感受到了家庭的温暖。同时，陶西的儿子还帮助奥赫训练，使他很快地融入了橄榄球队的生活，不断激发运动的潜能，在球赛中崭露头角。

5.《奇迹男孩》（2018）

奥吉是一个10岁的男孩，除了头戴一个巨大的太空头盔外，他和其他的同年龄孩子别无二致。头盔下隐藏了奥吉因为各种手术而伤痕累累的脸庞，它不仅完美隐藏起了奥吉脆弱自卑的内心，也成功防止了奥吉的模样吓到别的孩子。奥吉没有上过学，他的所有文化知识都是母亲伊莎贝尔在家教授给他的。然而，伊莎贝尔渐渐感觉到，家庭课堂无法满足奥吉的成长需要，除了学习知识，奥吉还必须学会的是如何同除了家人以外的人交流。在忧虑重重之中，伊莎贝尔将奥吉送入了一所公立学校，在那里，奥吉面临的是他人生中必须要战胜的挑战。不以貌取人，每个人都有深藏于心的闪光点。

6.《绿皮书》（2018）

托尼是一个吊儿郎当游手好闲的混混，在一家夜总会做侍者，业绩惨淡，无奈寻求另一份工作。在这个节骨眼上，一位名叫唐的黑人钢琴家提出雇佣托尼。唐即将开始为期八个星期的南下巡回演出，可是，那个时候南方对黑人的歧视非常的严重，于是托尼便成为唐的司机兼保镖。一路上，两人迥异的性格使得他们之间产生了很多的矛盾，与此同时，唐在南方所遭受的种种不公平的对待也让托尼对种族歧视感到深恶痛绝。孩子们，教养与种族、肤色、信仰无关，拒绝歧视，容纳不同。

7.《心灵驿站》（2003）（又名：《下一站，幸福》）

芬巴·麦克布赖德，一个一心只想安安静静过日子的普通男人，而他天生四尺五寸的矮小个头却格外引人注目。在众人的指指点点和嘲笑声中，芬巴只得避开人群，把所有时间和精力都花在研究各式火车上面。当唯一的好友过世，芬巴决定离开原本熟悉的环境，搬到纽泽西乡下朋友留给他的废弃火车库房独自生活。然而接二连三出现的意外访客，让芬巴不情愿地开始了他的邻里生活。渐渐地，在他们的温暖关怀下，拒人千里之外的芬巴开始敞开心扉，他的生活也在不经意间有了微妙的变化。这部影片告诉孩子要敢于面对苦难挫折，敞开心扉，结交挚友，做一个正能量的人。

8.《音乐之声》（1965）

玛利亚是一个年轻活泼的修女，喜欢在大自然下高声歌唱，所以她常常忘记了修道院里的规矩。于是，修道院决定安排玛利亚到一位名叫特拉普上校家当家庭教师。上校的妻子去世，留下7个孩子，一开始，玛利亚遭到了恶作剧，可是这位善良的老师渐渐与孩子们打成一片。上校也渐渐在玛利亚的引导下改变了对孩子们的态度。上校与玛利亚之间产生了感情，他们完婚后回到了已被纳粹占领的奥地利，上校并不想为纳粹办事，一家人在修女们的帮助下成功离开了奥地利。跳动的音符，活泼的音乐，这部影片成为孩子们最好的音乐启蒙之作。

9.《一条狗的使命2》（2019）

小狗贝利延续使命，在主人伊森的嘱托下，通过不断的生命轮回，执着

守护伊森的孙女 CJ，将伊森对孙女的爱与陪伴，当作最重要的使命和意义，最终帮助 CJ 收获幸福，再次回到主人伊森身边。这部影片告诉孩子们狗是人类最好的朋友，我们是它们一生的挚友，善待生命，和谐共处。

10.《幸福终点站》（2005）

为了完成父亲的心愿，维克多从故国乘坐飞机前往美国肯尼迪机场，但戏剧性的事情发生了：他被告知祖国发生政变，而他的身份证、护照失效，签证也无法再使用。进退两难的维克多只能在机场滞留，等待新证件的办理。但是，他在机场等待了整整9个月，已经学会因地制宜，在机场照料自己的生活，甚至还找了一份建筑工地工作。然而维克多的邂逅晦气却招来了机场负责人弗兰克的不满，而恐怕更令他气愤妒忌的是，美丽的空姐艾米利亚竟然爱上了维克多。处在甜蜜中的维克多，也在慢慢观察机场的人生百态，自得其乐。影片告诉我们塞翁失马，焉知非福，不因一时失意，就放弃生活的勇气。

11.《小鬼当家》（1990）

一年一度的圣诞节又到了。全家忙着外出欢度圣诞假期，不料忙中出错，将8岁的凯文留在了家里。爸爸妈妈急坏了，可此时他们已经身在外地，一时亦无可奈何。倒是凯文乐坏了，难得一个人在家，凯文将家里布置成了"游乐场"。两个刚出狱的窃贼将目光瞄向了凯文家。当他们鬼鬼祟祟踏入凯文家时，凯文凭借自己的聪明和家里的"游乐场机关"，和两个笨贼玩起了"游戏"，笑料百出。凯文最后能否在这场"游戏"中胜利？

12.《忠犬八公》（2009）

故事讲述了一位大学教授收养了一只小秋田犬，取名"八公"。之后的每天，八公早上将教授送到车站，傍晚等待教授一起回家。不幸的是，教授因病辞世，再也没有回到车站，然而八公在之后的九年时间里依然每天按时在车站等待，直到最后死去。这部影片告诉孩子们狗是人类最好的朋友，我们是它一生的等待。

13.《夏洛的网》（2006）

在朱克曼家的谷仓里，小猪威尔伯和蜘蛛夏洛建立起了最真挚的友谊。坏消息传来，小猪在圣诞节将会被宰杀做成熏肉火腿。此时，看似渺小的蜘蛛夏洛却说："我救你。"于是，夏洛在猪栏上织出了被人类视为奇迹的网上文字，这些赞美威尔伯的文字彻底改变了威尔伯的命运，终于让威尔伯在集市的大赛上赢得特别奖，和一个安享天年的未来。但在这时，蜘蛛夏洛的生命也走到了尽头……之后威尔伯带着悲伤和感恩抚养了夏洛的孩子！

14.《伴你高飞》（1996）

13岁的艾米在一场交通事故中失去了母亲，只好被送到父亲身边。父亲经营着一座农场，整日琢磨各种稀奇古怪的发明，面对已经长大的艾米难免不知所措。艾米一日在一片树丛发现一窝被遗弃的大雁蛋，她小心地将它们捧回家里，并成功孵出一窝小雁，但是野雁不可以家养，必须放归自然。父亲想出了奇妙的主意帮助艾米，他动手为她制作了一架滑翔机，让她带着小雁学会飞翔，然后在迁徙季节一路护送"雁妈妈"艾米带领小雁们飞向安大略湖，在这个过程中，父女的心也开始紧紧连在一起……

15.《遗愿清单》（2007）

老富翁爱德华·科尔近年来在公立医院的私有化改造事业中获利颇丰，他为节省成本，规定病房"一房两床"的做法颇受非议，但性格强势的科尔不以为意，岂料他不久被检查出罹患癌症，本欲入住单人病房的科尔在舆论压力下只得与另一位病人——老卡特同处一室。汽车修理技师老卡特博闻强识，将三个子女培养成才，但代价是牺牲了年轻时要做历史教授的梦想。曾经结婚多次如今却孤身一人的科尔逐渐对卡特产生了兴趣，两位老人在病房

中结下了友谊。科尔偶然发现了卡特的"遗愿清单"，他决定运用自己的力量，让那些纸面上的疯狂构想一一实现，去发现人生的真正意义……

16.《实习生》（2015）

年近七十的本曾经是一位精明强干，事业有成的商人，最终，他还是和大部分老年人一样开始了平淡的退休生活。本对忙碌而又充实的过去无比怀念，孤独与内心里蠢蠢欲动的渴望让他做出了重回职场的决定，成为年轻的朱尔斯手下的一名小小员工。起初，朱尔斯并没有将年迈又落伍的本放在眼里，然而，随着时间的推移，这位慈祥的长者渐渐成为她生活中最真挚的友人。这部影片激励孩子努力、自信做自己，做你想做的，就一定不会错！

17.《找到你》（2018）

律师李捷正在离婚进行时，与前夫争夺女儿抚养权，拼命工作为给孩子最好的生活，幸有保姆孙芳帮忙照顾孩子视如已出。一日下班，李捷发现保姆孙芳和女儿毫无预兆地消失了，她内心最大的恐惧变成了现实。在追寻孙芳和女儿的下落时，她受到来自家人的谴责声讨，甚至遭到警方的怀疑。几乎崩溃的李捷，靠着惊人的勇气，踏上独自寻找的旅程。在追踪过程中，李捷逐渐接近了另一个女人——保姆孙芳的人生故事，她的身份原先都是谎言，而真相也将浮出水面……

18.《摔跤吧，爸爸》（2016）

马哈维亚·辛格·珀尕曾是印度国家摔跤冠军，因生活所迫放弃摔跤。他希望让儿子帮他完成梦想——赢得世界级金牌，结果生了四个女儿，本以为梦想就此破碎的辛格却意外发现女儿身上的惊人天赋。看到冠军希望的他决定不能让女儿的天赋浪费，像其他女孩一样只能洗衣做饭过一生，再三考虑之后，与妻子约定一年时间按照摔跤手的标准训练两个女儿：换掉裙子、剪掉了长发，让她们练习摔跤，并赢得一个又一个冠军，最终赢来了成为榜样激励千千万万女性的机会。

19.《佐贺的超级阿妈》（2006）

8岁那年，男孩昭广跟随母亲离开广岛，来到了佐贺的乡下老家。这里没有玩具，没有朋友，甚至连最亲爱的妈妈也转身离开，迎接昭广的只有低矮破旧的房屋，以及独立抚养了七个儿女的超级阿妈。初来乍到的昭广无法适应这里的寒酸生活，但随着时光的流逝，他渐渐体味到了与阿妈在一起生活所得到的幸福……

20.《嗝嗝老师》（2018）

奈娜·玛瑟从小患有图雷特综合征，会发出类似打嗝的怪声。她不仅从小受到同学的嘲笑，读书时还被12所学校拒之门外。最终，一位校长的一句"我们会像对待其他学生一样对待你"让奈娜感受到从未有过的平等待遇，同时也在心中种下当一名好教师的梦想。圣蒂克学校接收了14名贫困生，同样受到歧视与排斥，不被接纳，老师们也心怀偏见，将他们编为9F班。他们自暴自弃，抽烟、打牌、上课捉弄老师，接连气走了7位老师。奈娜和9F班都是天生被有色目光看待的弱势群体，生活中遭遇着种种不公平对待。比起简单的师生关系，他们更像是互相取暖，照亮彼此的人生轨迹。

21.《老师·好》（2019）

故事发生在20世纪80年代的偏远山城。南宿一中的优秀教师苗宛秋踌躇满志，迎来了新一届的高中学生。开学第一天，霸气十足的苗老师便给这群性格张扬、问题多多的学生一个下马威，无论是桀骜不驯的混混洛小乙，还是一脑袋鬼点子的王海，无论是投机倒把的耗子，还是虚荣张扬的关婷婷，都被他收拾得服服帖帖。只不过这帮孩子表面顺服，背地里却与"苗霸天"展开了旷日持久的战争。在这过程中，专横的"苗霸天"不时展现温情的一面，他的古道侠肠更是令孩子们暗自佩服。转眼三年时光过去，懵懂无知的孩子

们渐渐长大，他们似乎开始认识到苗老师最真实的一面了……

22.《对不起，谢谢你》（2011）

本片由《谢谢你，对不起》《祖祖》《我弟弟》和《小猫亲亲》四段相对独立又彼此关联的故事组成。《谢谢你，对不起》讲述了一段小女孩与她的小狗之间的故事。父亲的离世让小女孩悲痛欲绝，然而父亲生前留下来的小狗却一直陪在她的左右，愁云渐渐散去。在与小狗的相处中，小女孩觉得它就是爸爸送给自己的最后礼物。《祖祖》讲述了一只叫祖祖的流浪狗与男人相依为命的感人友谊。《我弟弟》里则描写了一段小男孩与小狗离别的伤心故事。《小猫亲亲》描写了一段父女间由小猫而频生口角到冰释前嫌的感人故事。

23.《神秘巨星》（2017）

出生在小城镇穆斯林家庭的尹希娅一直有一个梦想：成为全世界最优秀的歌手，可却遭到家暴成性的父亲百般阻挠。懦弱的母亲并没有办法实质性改善她的生活，没有勇气离婚带她离开，更没有勇气支持她的梦想。追梦心切的尹希娅在视频网站上，以"神秘巨星"为名，穿上罩袍上传自己的唱歌视频，不仅被观众喜欢，那些政客、明星、音乐导演也纷纷转发她的视频，甚至音乐导演夏克提·库马尔也向尹希娅抛出了橄榄枝。在夏克提和好朋友钦腾的帮助下，尹希娅开始一步步向梦想靠近。

24.《听见天堂》（2006）

当上帝为你关上一扇门时，往往他会为你打开另一扇。意大利男孩米克虽然出生在穷乡僻壤，但他从小就梦想成为一流的电影大师。然而上帝跟他开了一个最残酷的玩笑，米克玩弄一支来复枪时不幸走火，从此他只能湮没在巨大的黑暗当中。这一度令米克感到沮丧万分，仿佛活着已没有了动力。然而盲校的唐老师的一番话让米克豁然开朗，为什么音乐家在演奏时会闭上眼睛？因为那样音符会蜕变，变得更有力量。于是，米克选择了用耳朵代替眼睛，去记录他生活中的点点滴滴。这时，我们才发现：米克，不仅可以听见天堂，还可以"看见"天堂。

25.《卡特教练》（2005）

里士满高中篮球队是一支屡败屡战的队伍，这一切在卡特教练执教之后发生了变化，他要求队员和他签订一个协议，约定如果队伍不团结或是成绩不佳就不再继续参加任何比赛。在他的带领下，这支队伍开始走上了上坡路，最后成为无人能敌的长胜王。但是在1999年举行的国家锦标赛上，队员们的表现却十分不尽人意，这让卡特教练沮丧不已，他真的关闭了训练馆，禁止队伍继续参加任何比赛。此举引起了极大的反响，他一时成了大众议论的焦点，有人赞赏他视篮球为生命的品格，但更多的人对他的举动表示不解，甚至是批评。

26.《王牌特工·特工学院》（2015）

哈里是英国秘密特工组织金士曼中的一员，某次行动中，他的战友不幸牺牲，哈里将一枚徽章和一个电话号码交给了战友年幼的小儿子艾格西，叮嘱他将来如果遇到了什么麻烦可以拨打这个号码，但只能使用一次。十七年过去，破碎的家庭让艾格西成长为一个整日无所事事的小混混，某日，因为违反交通规则而遭到逮捕的艾格西使用了手中珍贵的号码，赶来的哈里在艾格西玩世不恭的外表之下发现了他善良的本质和极高的天赋，于是，哈里决定将艾格西培养成为新一代金士曼，他们需要共同面对的是强大而又邪恶的亿万富翁瓦伦丁。

第3节 "以生为本"分类解读

一、一年级学情分析

一年级学生的思维直观、具体、形象；他们好奇、好动、喜欢模仿，对生活充满新鲜感和好奇感，但是注意力不集中，容易疲倦，游戏玩耍仍然是他们的精神食粮。因此，孩子需要通过半游戏半学习的一段过程逐渐实现向"以学习为中心"的转移。根据此阶段学生的特征，一年级学生观看动画电影为主，以此丰富孩子的精神世界，满足孩子的想象力，对低年级学生的思想观念及行为习惯产生潜移默化的正面影响，引导学生形成正确的是非观。另外筛选了一部分红色主题的儿童电影，它通过寓意丰富的细节安排和少年儿童所特有的心理活动的描写，真实自然地塑造了一个个性格鲜明的少年英雄形象，小主人公们聪慧勇敢，纯朴善良，向一年级的孩子们传递了爱国主义思想，做学习的榜样，为他们树立正确的世界观、人生观、价值观产生了积极的影响。

二、二年级学情分析

二年级学生的思维具有直观性、具体性、形象性的特点；他们开始显示出一定的个性特征，有一定的自我能力判断的意识，心理趋向稳定，但仍然好奇、好动、好模仿。因为已经能够判断自己的能力大小，所以在发现别人的表现比自己好或者差时，相应地会引起心理的变化。该阶段的学生可以自发地感受集体活动与学习知识的乐趣，形成初步的集体荣誉感。根据此阶段学生的特征，二年级学生还是以观看动画电影为主，符合年龄和心理特点；同时也选择了形式新颖、轻松愉快的歌舞剧；少不了正能量十足的红色电影，乐于助人的雷锋，平易近人的小平爷爷，榜样与伟人的形象让学生们看到了革命英雄对革命理想的追求、坚定的信念、崇高的爱国主义精神以及革命乐观主义精神、集体主义和无私的奉献精神。

三、三年级学情分析

在小学教育中，三年级的学生正处在从低年级向高年级的过渡期，也是培养学习能力、意志品质和学习习惯的最佳时期。这个时期，学生的生理和心理都会有明显的变化，开始从被动地学习向主动学习转变，思维正处于由形象思维过渡的时期，能进行一定的抽象思维，但仍以形象思维为主，模仿性强；三年级的学生道德感、正义感开始萌芽，辨别是非的能力还极其有限，社会交往经验缺乏；集体主义感情有所发展，良好的道德品质正在形成，但极不稳固，很容易受到外界的影响；想象力也由模仿性和再现性向创造性过渡。因此选择一部分的动画电影满足三年级学生的心理需求，激发学生的想象力；同时这里也包含了由名著类改编的动画、科幻电影，提升学生的文学素养，拓展学生思维；此外红色经典电影有助于帮助三年级学生树立正确的价值观和是非观，宣扬了集体主义精神和爱国主义精神。

四、四年级学情分析

四年级的学生正处在由儿童期向少年期转变的过程中，学习能力和情感能力快速发展。这个阶段是培养学习能力和情感能力的重要时期，也是养成良好的学习习惯和改变不良习惯的最后关键时机。他们的独立意识开始增强，对自然现象、社会现象产生兴趣；他们愿意参加集体活动，活动范围比以前扩大，接触社会比以前多，开始形成自己的想法，也逐步树立起集体荣誉感，但仍然比较幼稚，分辨能力不强，自控能力较差，需要正确的引导。因此选择一部分的动画电影符合四年级学生的特点；选择名著类改编的动画、科幻电影，提升学生的文学素养，拓展学生思维，给他们接触课本以外的知识；此外，红色经典电影有助于帮助学生树立正确的价值观和是非观，宣扬了集体主义精神和爱国主义精神。

五、五年级学情分析

五年级的学生开始进入少年期，身心的发展正处在由幼稚趋向自觉，由依赖趋向独立的半幼稚半成熟交错的矛盾时期。他们对社会现象开始关注，求知的欲望和能力、好奇心都有所增强，对新鲜事物开始思考、追求、探索，学习的兴趣

更为广泛；开始有独立见解，自尊心进一步增强，自主性要求日趋强烈；自我意识正处在形成期，他们对事物有了自己的观点和看法，容易固执己见，但生活和社会经验的不足，片面、错误的想法观念，理想与现实的差距会让孩子的情绪、情感发生很大的变化。此时，正能量的暗示教育则是非常必要的。因此选择一部分的动画电影满足五年级学生的心理需求；挑选了具有正能量的好莱坞影片，让学生学习与培养的好习惯更持久、正确的价值观念更易深入孩子的心灵。科幻影片拓展学生思维；此外红色经典电影有助于帮助五年级学生树立正确的价值观和是非观，宣扬了集体主义精神和爱国主义精神。

六、六年级学情分析

六年级学生已经确立了较稳定的性格，正处于少年心理向青年心理过渡期，既带有少年的天真，又时常表现出青年人的成熟。独立意识和成人感增强，他们不希望老师家长把他们当小孩对待，但他们在独立处理人际关系和其他实际问题上还很不成熟，需要成人的指导和帮助。随着知识的积累和对事物体验的深化，六年级学生内心世界比较丰富。除了注意事物外表的形式之外，更注意对事物的分析和主观体会，对很多问题都可以做出自己的回答。学生接触社会的面比以前广，吸取的信息也更多，对社会现象和国内外新闻比较关心，但选择和处理信息的能力还不强，还不善于正确地进行判断与辨析。根据此阶段学生的特点，选择了形式新颖、思想活跃的科幻片；少不了正能量十足的红色电影，英雄、榜样与伟人的形象让学生们看到了对生命的敬畏、对革命理想的追求，坚定的信念、崇高的爱国主义精神以及革命乐观主义精神、集体主义和无私的奉献精神。

一年级观影目录					
《小兵张嘎》	《天降美食》	《小飞象》	《彼得·潘》	《鸡毛信》
《机器人总动员》	《小鬼当家》	《宝莲灯》	《闪闪的红星》	《海角乐园》
《鼠来宝》	《匹诺曹》	《雷锋》	《沉睡魔咒2》	
二年级观影目录				
《恐龙当家》	《奇幻森林》	《音乐之声》	《头脑特工队》	《伴你高飞》

《秘密花园》	《地心历险记》	《地道战》	《邓小平》	《神偷奶爸3》
《大闹天宫》	《公牛历险记》	《帕丁顿熊》		

三年级观影目录

《疯狂原始人》	《海底两万里》	《怪物史莱克》	《智取威虎山》	《冰河时代》
《龙猫》	《马达加斯加》	《海底总动员》	《冰雪奇缘2》	《绿野仙踪》
《夏洛的网》	《花木兰》	《超能陆战队》	《千与千寻》	《功夫熊猫3》
《料理鼠王》	《爱丽丝梦游仙境》	《侏罗纪公园3》	《海洋奇缘》	

四年级观影目录

《玩具总动员》	《八十天环游地球》	《嗝嗝老师》	《一条狗的使命2》	《流浪地球》
《寻梦环游记》	《我和我的祖国》	《烈火英雄》	《狮子王1》	《神秘巨星》
《小王子》	《奇迹男孩》	《爱宠大机密》	《哪吒之魔童降世》	《中国机长》
《博物馆奇妙夜3》	《少年派的奇幻漂流》	《马达加斯加的企鹅》	《红海行动》	

五年级观影目录

《攀登者》	《弱点》	《佐贺的超级阿妈》	《火星救援》	《幸福终点站》
《我和我的祖国》	《老师·好》	《当幸福来敲门》	《心灵驿站》	《驯龙高手3》
《冰川时代4》	《极地特快》	《实习生》	《飞屋环游记》	《找到你》
《冰雪奇缘2》	《战狼2》	《沉睡魔咒2》	《特警队》	《烈火英雄》

六年级观影目录

《摔跤吧,爸爸》	《茶馆》	《星际穿越》	《一条狗的使命2》	《卡特教练》
《南昌起义》	《奇异博士》	《绿皮书》	《我和我的祖国》	《怪物史莱克》
《战狼》	《遗愿清单》	《我的1919》	《辛亥革命》	《听见天堂》
《佐贺的超级阿妈》	《哈利·波特与魔法石》	《汤姆·索亚历险记》	《对不起,谢谢你》	《中国机长》
《王牌特工·特工学院》	《建国大业》			

55

第三章

"赏"——电影海报作品

第1节　红色经典电影

经典台词

1. 就算最专注，也会有压力在，不要害怕它，压力会让你更专注。

——《红海行动》

2. 这个世界并不和平，我们只是生活在一个和平的国家。

——《战狼》

3. 0分0秒升起中国国旗，这是我们的底线。

——《我和我的祖国》

4. 听不见号声，你就是打剩最后一个人也得给我打下去。

——《集结号》

5. 生活中一切大的和好的东西，全是由小的、不显眼的东西累积起来的。

——《雷锋》

第三章 "赏"——电影海报作品

特等奖　四（9）班　陈士鹏

特等奖 六（2）班 肖屹

第三章 "赏"——电影海报作品

特等奖 四（2）班 黄宇

特等奖 四（2）班 张颖

第三章 "赏"——电影海报作品

特等奖 五(9)班 李宗颖

第 2 节　动画类电影

> **经典台词**
>
> 1. 世界这么大，而找到真正喜欢可以落脚的地方，又实在是难。
>
> 成长是一笔交易，我们都是用朴素的童真与未经人事的洁白交换长大的勇气。
>
> ——《魔女宅急便》
>
> 2. 逆境中绽放的花朵才是最珍贵、最美丽的。
>
> ——《花木兰》
>
> 3. 生活总会有点不顺意，我们都会犯错。天性如何并不重要，重要的是你开始改变。
>
> 在动物城，每一个动物都有无限的可能。
>
> ——《疯狂动物城》
>
> 4. 我只能送你到这里了，剩下的路你要自己走，不要回头。
>
> 不管前方的路有多苦，只要走的方向正确，不管多么崎岖不平，都比站在原地更接近幸福。
>
> ——《千与千寻》

第三章 "赏"——电影海报作品

特等奖 三（10）班 佘栩蝶

65

剧场游戏 滋养儿童审美情趣 >>

特等奖 四（4）班 王蒋慧昱

第三章 "赏"——电影海报作品

特等奖 三（5）班 吴钰涵

特等奖 五(4)班 洪冒思源

第三章 "赏"——电影海报作品

特等奖 五(4)班 王李元翼

特等奖 五(4)班 洪冒思源

第三章 "赏"——电影海报作品

特等奖 三（13）班 顾思彤

剧场游戏

滋养儿童审美情趣 >>

特等奖 五（4）班 洪冒思源

第三章 "赏"——电影海报作品

特等奖 三（3）班 梁赟

特等奖 五（7）班 袁骁骁

第三章 "赏"——电影海报作品

特等奖 四(8)班 徐佳颖

剧场游戏 滋养儿童审美情趣 >>

特等奖 三（4）班 王紫涵

76

第三章 "赏"——电影海报作品

特等奖 三（10）班 仇崧宇

特等奖 三（6）班 陈梓言

第三章 "赏"——电影海报作品

特等奖 三（14）班 张睿希

剧场游戏
滋养儿童审美情趣 >>

特等奖 四（3）班 孔瑞

第3节　科幻冒险类电影

经典台词

1. 成就一个人、一个英雄的关键，就是看他最终怎么评价自己。

——《复仇者联盟》

2. 你可以说拥有一切，也可以说一无所有。

——《钢铁侠》

3. 所以你们需要做的，就是发现你们真正的力量来自相互的信任。

——《忍者神龟》

4. 想象一下，我可以让你凭空消失。

——《变身特工》

特等奖 六（1）班 陈梓鹏

第三章 "赏"——电影海报作品

特等奖 六(1)班 倪黄楠

特等奖 三(1)班 叶心

第三章 "赏"——电影海报作品

特等奖 六（5）班 冯俊杰

第4节　好莱坞类电影

经典台词

1. 昨日已成往事，未来还未可知。

——《功夫熊猫3》

2. 你难道不为自己的前途担心吗？

——《怪物史莱克》

3. 因为离开你的人越来越多，所以留下来的人越来越重要。

——《玩具总动员》

4. 家庭比梦想更重要。

——《寻梦环游记》

5. 如果你很肯定了就去行动吧，说出自己的感受是很重要的。

——《听见天堂》

第三章 "赏"——电影海报作品

特等奖 五（11）班 陶观涵

87

剧场游戏
滋养儿童审美情趣 >>

特等奖 四（5）班 王晓涵

第三章 "赏"——电影海报作品

特等奖 四(12)班 翁梓鑫

特等奖 三（2）班 丁诗琪

第三章 "赏"——电影海报作品

特等奖 六(3)班 王馨谣

特等奖 四（6）班 张何涵煜

第三章 "赏"——电影海报作品

特等奖 五（6）班 陈欣凡奇

特等奖 六（6）班 陆锦茹

第三章 "赏"——电影海报作品

特等奖 六(6)班 严慧敏

剧场游戏
滋养儿童审美情趣 >>

特等奖 六（7）班 赵灿伊

第三章 "赏"——电影海报作品

特等奖 六（7）班 冒佳沁

特等奖 五（8）班 沈钰

第三章 "赏"——电影海报作品

特等奖 五（8）班 周可菲

第四章
"演"——
创作表演剧本

小剧本大空间

我们现在使用的语文教材课文有很多故事或童话，而故事和童话类的课文始终是小学生非常感兴趣的。这些课文大多可以改编成课本剧。通过表演，不仅可以表达他们对故事或童话的理解与感受，还可以创造性地发展故事的情节，抒发自己独特的感悟。学生在表演中情绪是积极的、欢快的。学习对他们来说是一种快乐，表演的过程锻炼了学生多方面的能力，综合素养得到了提升。

一、课本剧表演可以加深对文章的理解与记忆

学生学习一篇新课文，如果能够按照作品中角色的思想、感情、对话和动作，站在角色的立场上去表演，能够在不知不觉中记住各个角色的特征，表演时，可以体会到文章中语言文字使用的准确性，加深对部分重点词语的理解。通过表演，可以让学生更深刻地理解文章中人物的思想感情，性格特征，引起他们的共鸣。

二、课本剧表演可以锻炼学生的胆量

我们现在很多学生在课堂上不爱表现自己，很多同学一站起来答问题就紧张，交际能力比较低，胆子比较小，说话脸会红。课本剧的表演无疑为学生的胆量锻炼提供了一个很好的平台。所以说课本剧的表演有利于学生交际水平的提高。经常性地表演课本剧的学生会变得大胆勇敢，不再怯懦。

三、课本剧表演可以促进学生语言能力的发展

小学是发展学生语言的重要时期，而语言的发展要在语文实践中去进行。那些美好的课文、有趣的课文，学生会主动去看、去说，如果能加以课本剧的表演，那更能促进学生的语言发展。学生在表演中很自然地熟记作品中的语言，富有创造性地表现出符合角色的神态、表情、动作、语言等。这些都有利于提高学生的口语表达的水平。老师应该有意识地引导语言发展水平较差的学生去表演，这样不但提高了他们语言发展的水平，更促进了学生对语言学习的兴趣。

四、课本剧表演可以丰富学生的想象力

创新思维很重要的一点就是要富有想象，丰富的想象能力是创造性的前提。小学生更是富于奇思妙想的年龄。课本剧表演的过程也是学生想象活动的过程。学生所扮演的角色是假的，但情感是真的，在表演中所使用的道具或用玩具代替，或用彩画纸做成。在表演中，根据情节发展的需要适当增减一些对话、情节以及角色，这一切都是学生充分发挥想象力的结果。

课本剧这一传统的教学方式，在新型教学手段不断出现的现代教学面前，不应该丢弃。因为课本剧的表演对学生多方面能力的发展，对学生综合素养的提升都具有极高的价值。在我们的小学课堂上，老师根据教材的实际，有序地、适时组织学生进行课本剧的表演，将会把我们的教学提升到理想的境界。

第1节 "课本剧"我来演

谁来当大王

（创作及表演班级：二年级1班）

旁　　白：在美丽的森林里，住着许多动物，狮子是万兽之王。有一天，它觉得自己老了，也该退位了。于是，它把大家召集起来。

狮　　子：朋友们，从现在开始，你们轮流当万兽之王，每个动物当一个星期，谁做得最好，谁就是森林里的新首领！

　　　齐：我先来，我先来！

狮　　子：猫头鹰！

猫 头 鹰：到！

狮　　子：你先来当大王。

猫 头 鹰：好嘞，从现在开始，你们都得跟我一样，白天睡觉夜里做事。

兔　　子：这怎么行啊，晚上我可什么也看不见，怎么找食物？

　　　齐：是啊，是啊，晚上做事确实不方便啊！

猫 头 鹰：哼，谁不遵命立即抓起来！

　　　齐：真不像话！这下可受罪了。

旁　　白：于是，动物们都回家睡觉了，可是怎么也睡不着。天黑了，动物们只能按照猫头鹰的规定去做事。

狐　　狸：小兔子，小兔子，你找到东西吃了吗？我在夜里什么也找不着，我的孩子可要饿死了。

兔　　子：我吃了点原来存的萝卜，可是天天熬夜，我的眼睛熬得更红了。

旁　　白：一个星期过去了，动物们都叫苦连天。

第四章 "演"——创作表演剧本

狮　子：好了好了，别嚷嚷啦，猫头鹰你的试用期结束了。这星期就由袋鼠上任。
袋　鼠：做大王啊，我做梦都想啊，从现在开始，你们都得像我一样跳着走路。
　　齐：啊？跳啊？

袋　鼠：有困难吗？有困难也得克服，现在我是大王！跳起来！
　　熊：累死我了，我家的地板都被我跳塌了。
旁　白：又一个星期过去了，动物们都受不了了。
狮　子：唉，看来袋鼠当大王也不行，这星期就由兔子当大王。
兔　子：啊？谁啊？
狮　子：你呀。
兔　子：咋的了？
狮　子：当大王啊。
兔　子：哎哟妈呀，幸福来得太突然了！从现在开始，你们只许吃萝卜青菜，不许吃肉，谁敢抗命立即抓起来！
狐　狸：这怎么行，我天生就吃肉，不吃肉我怎么活呀？
　　熊：是呀，不让我吃肉，我可怎么办呀？

105

兔　子：哼，走，跟我拔萝卜去。

　　齐：拔萝卜、拔萝卜，哎哟哎哟拔萝卜。

旁　白：又一个星期过去了，动物们一个个都受不了了。

狐　狸：你们看看，我都瘦成什么样子了。不行，坚决不能让兔子当大王！

　　齐：反对，反对！

狮　子：小兔子你的试用期结束了，这星期就由青蛙上任。

青　蛙：呱呱，从现在开始，每个动物都要和我一样，生活在河里。

　　齐：啊？生活在河里？

青　蛙：你们不愿意吗？现在我可是大王。

　　齐：在水里生活，真是太难受了。

旁　白：第五个星期轮到猴子当大王了。

　　齐：新大王来啦，新大王来啦。

袋　鼠：猴大王啊，请发发慈悲吧，可千万不要命令我们，从现在开始都得住在树上啊！

　　熊：是啊，求您别命令我们练习什么倒挂金钩、荡秋千呀。

　　齐：是啊，求求你啦！

猴　子：大家请安静，请安静，本大王宣布从现在开始，每个动物都按自己的习惯方式过日子。

　　齐：耶！

狮　子：我正式宣布，小猴子就是万兽之王了。

　　齐：好耶！

　　齐：谢谢，再见！

角色（女）：猫头鹰、兔子、狐狸、袋鼠

角色（男）：狮子、熊、青蛙、猴子

第四章 "演"——创作表演剧本

绘本剧：小熊不刷牙

（创作及表演班级：二年级2班）

【场景】小熊哈利家

（背景陈述小熊哈利不爱刷牙这件事）

妈　　妈：哈利，该去刷牙了！

（小熊就朝着浴室方向走去）

小熊哈利：我知道啦！

小熊哈利：有那么多牙齿，怎么可能把所有的牙都刷到嘛！（不耐烦地）早上要刷牙，晚上也要刷牙，每天都要刷牙，真是烦透了！

（两只手臂张开，手掌朝上摊平，歪着小脑袋，嘟嘟嘴巴）

小熊哈利：明天多刷一次不就行了吗？（食指对着脑门，惊喜地）

（小熊走出浴室，上床睡觉）

（睡梦中的哈利在床上翻来覆去，随后摸了摸牙齿）

小熊哈利：（惊慌地）咦，我的牙齿呢？我不是在做梦吧？

（小熊哈利从床上翻起身，赶紧来到镜子前，使劲张开嘴巴）

小熊哈利：（兴奋着尖叫）哈哈太好了！我再也不用刷牙了！

（小熊哈利捧着嘴巴连蹦带跳来到森林里）

小熊哈利：告诉你们一个好消息！我现在一颗牙齿都没有啦！

（小兔子来到哈利跟前）

小兔子：（捧腹大笑）什么，牙齿没有了？可是哈利，你没有了牙齿还算是一只熊吗？

小熊哈利：唉，你们根本就不懂！

（小熊哈利对小兔子摇摇头，摆摆手，继续往前走，这时啄木鸟迎面而来，拦住了去路）

小熊哈利：啄木鸟，你看，我的牙齿不见了，一下子全都（两只手向后打开，脸上洋洋得意）不见了，多好呀！

（小熊哈利张开嘴巴给啄木鸟看）

啄木鸟：（担心地）可是，哈利，没有了牙齿一点都不好玩。你不能吃东西（摆摆手，右手做出吃饭的手势），说话也说不清楚，大家都会笑你的。没有牙齿是很糟糕的呀！（惊讶地）

（小熊哈利挠挠脑袋，想了想，一边走一边点点头，走回家）

（小熊哈利回到家，看看桌上的美食，摸了摸饿了的肚子。然后走出家门，在门口的树下坐着，伤心地哭着，两只手抹着眼泪）

小熊哈利：我该怎么办呀？森林里所有的动物都有牙齿，只有我没有！我看起来完全不像一只熊！我该怎么做，牙齿才会回来呢？谁来帮帮我啊？

（他坐在地上，不停地哭，眼泪一直流，害怕、担心的情绪让他直蹬脚）

（这时候猫头鹰从另一边飞到小熊哈利身边）

猫头鹰：哈利，没有牙齿很痛苦吧？你应该去把牙齿找回来。可是，找回了牙齿，你能保证把它们刷得干干净净吗？你能做到每天早晚都刷牙吗？

（猫头鹰歪着脑袋，安抚着小熊哈利）

小熊哈利：嗯，我保证，我一定能做到！

（激动地站起身，拍拍胸脯，点头说好。回到床上，迷迷糊糊睁开眼睛，摸了摸嘴巴里的牙齿，惊讶地在床上又蹦又跳，开心极了）

（背景陈述：从这一天起，小熊哈利每天都把牙齿刷得干干净净的，爸爸妈妈都很高兴，他们说，哈利真是一个好孩子！小朋友们，你们也一定要爱护自己的牙齿，坚持早晚都刷牙哦。）

绘本剧：我有友情要出租

（创作及表演班级：二年级4班）

场　景：布置的森林场景中有一棵大树

旁　白：有一只大猩猩，他常常想（大猩猩垂头丧气的出场）："我好寂寞，我都没有朋友。"

旁　白：有一天，他在大树上贴了一片叶子，上面写着：我有友情要出租，一小时五块钱。他坐在大树下，等啊，等啊，等到眼睛都快闭上了。

（大猩猩贴完叶子倚靠着大树假寐）

旁　白：这时候，小女孩儿咪咪骑着脚踏车过来了，她看到了叶子，立刻跳下车，问大猩猩。

咪　咪："什么叫友情出租？"

（大猩猩听到咪咪的话揉揉眼睛睁开了，欣喜地站起来）

旁　白：大猩猩睁大了眼说。

大猩猩："就是你给我五块钱，我陪你玩一个小时。"（大猩猩边说边用手比划）

咪　咪："一个小时是多久呢？"（咪咪托着腮帮疑惑地问）

旁　白：大猩猩拿出一个沙漏说。

大猩猩："上面的沙子全部漏到下面的时候，刚好一个小时。"

（大猩猩从大树边拿出个沙漏，认真地给咪咪解释）

旁　白：咪咪想了一下，说。

咪　咪：（不好意思地低着头小声嘀咕）"可不可以便宜一点？我只有一块钱。"

旁　白：大猩猩高兴得一直点头。

大猩猩：（激动地）"好哇！好哇！"

旁　白：大猩猩立刻把咪咪的一块钱收进了背包里。沙漏里的沙子开始计时了。

（大猩猩一蹦一跳地收了钱）

第四章 "演"——创作表演剧本

旁　白：咪咪对大猩猩说。

咪　咪：（兴奋地）"我们先玩踩脚游戏，来，猜拳！"

旁　白：但是，大猩猩不会剪刀、石头、布。

（大猩猩一脸疑惑地望着咪咪）

旁　白：咪咪看着沙漏，着急地说。

咪　咪："时间都给你耗掉了，快一点啦！我喊一二三，你把手伸出来就对了。"

咪　咪：（兴奋地）"一、二、三。"

旁　白：大猩猩把右手伸出来，他的手指撑得开开的，咪咪也伸出手，她出的是两根手指头。

咪　咪：（得意地）"我出的是剪刀，你出的是布，所以我赢了，你要让我踩一下！"

旁　白：大猩猩还搞不清楚状况，就被咪咪"吧嗒"踩下去了。他叫了一声。

大猩猩：（大声地，皱着眉头作痛苦状）"哎呀！"

咪　咪："很疼吗？"（担心地）

旁　白：大猩猩揉一揉脚趾头说。

大猩猩：（赶紧不揉了，踩了踩脚，故作轻松地）"不疼不疼，我已经学会了，很好玩！"

旁　白：接下来，大猩猩每一次出的都是"布"，咪咪每一次出的都是"剪刀"。大猩猩只好被踩了一下又一下，但是，好不容易有人和他玩，他巴不得沙子不要漏那么快呢！

（大猩猩和咪咪开心地玩儿，拥抱告别回家）

旁　白：第二天，咪咪又来租大猩猩的友情了。大猩猩把一块钱放进背包里，沙漏也开始计时了。（咪咪开心地跑过来找大猩猩，给一块钱）

旁　白：他们先猜拳。

咪　咪："一、二、三。"

旁　白：咪咪以为大猩猩只会出"布"，所以，她立刻就出"剪刀"，没想到，大猩猩出的居然是"石头"！咪咪输啦！换她要被踩一脚了。（咪咪作

111

紧张害怕样儿）

旁　白：大猩猩抬起脚来，却看到咪咪闭着眼睛、歪着嘴巴的表情，他只好重重地抬起来，轻轻地踩下去（大猩猩偷笑）。奇怪，怎么都不痛？咪咪愣了一下（咪咪一脸疑惑），大猩猩又继续猜拳了。

旁　白：因为他握紧拳头赢了一次，所以，他就一直出"石头"，咪咪也知道了，她只要出"布"，就会赢大猩猩，被踩的倒霉鬼一定是大猩猩。

旁　白：大猩猩根本不在乎，他又叫又笑的，玩得好开心，沙漏里的沙子都漏完了，他还不知道呢！

旁　白：后来，咪咪每天都到大树下来租友情，她总是先把一块钱交给大猩猩，等大猩猩把钱放进背包里，沙漏开始计时了，她就和大猩猩玩。

（场景中大猩猩和咪咪一起拉手转圈圈做游戏，玩闹）

旁　白：有一天，她教大猩猩玩"一二三木头人"。有一天，她教大猩猩讲故事……

（大猩猩和咪咪玩木头人，在大树下趴着讲故事）

旁　白：有一天，她在树下写功课。大猩猩就乖乖地趴在旁边看，即使不说一句话，大猩猩都觉得好幸福呢！

（大猩猩趴着看咪咪写功课）

旁　白：这一天下午，大猩猩没有带小背包，只是带了几片饼干，就走到大树下等咪咪，等了好久好久，咪咪一直没有来。

（大猩猩翘首以盼，东看西看）

旁　白：终于，一部大车子开过来了，咪咪从里面探出头，大声地对他说。

咪　咪："喂！我没有钱了，而且我们要搬家了！再见！"

旁　白：大猩猩立刻追着车子，大声地喊。

大猩猩：（不舍地大声地）"喂，我还没有学会出剪刀呢！"

旁　白：但是咪咪留下了布娃娃，远远地离开了！大猩猩失望地回到大树下。

大猩猩：（失望地）"唉！我今天没有带小背包，我没有带沙漏，就是不要收咪咪的钱，而且还要请她吃饼干呢，可是，她怎么走了？"

第四章 "演"——创作表演剧本

（大猩猩失望地坐在大树旁，唉声叹气）

旁　白：大猩猩一面啃着饼干，一面想念咪咪。后来，大猩猩又在大树上贴了一片叶子，上面写着：我有友情免费出租。一直到今天那片叶子都褪色了……大猩猩还在等待下一个好朋友……（大猩猩背对观众低头抱着自己坐在大树旁）

113

绘本剧：凯文不会飞

（创作及表演班级：二年级5班）

场　　景：屋檐底下。

旁　　白：凯文是一只燕八哥。他出生在老马厩的屋檐底下，跟他的三个哥哥四个妹妹以及六万多个堂兄弟姐妹、表兄弟姐妹住在一起。小八哥们从看见外面世界的第一天起，就有不同的发现，有的发现虫子，有的发现水，有的发现泥土，但凯文发现的，却是一本书。

道　　具：水、泥土、虫子、书

旁　　白：当凯文的兄弟姐妹都在捉昆虫、逮蚯蚓、找蚂蚁的时候，凯文却在认生字、学组词、念句子。夜里，凯文的兄弟姐妹们梦见捉小虫，凯文却梦到他在书里读到的冒险故事和传奇，甚至梦到自己也变成了作家。当六月到来，所有的小燕八哥都开始学习飞行了，都在学习"俯冲""盘旋"

的时候，凯文却天天在图书馆里埋头读书。

场　景：图书馆

旁　白：在书堆里，他（指凯文）的思想飞得很高、很远，凯文从书中读到了各种各样的事物，如海盗和原始人类的故事、火山和彩虹、鲸鱼和恐龙甚至行星等。凯文的兄弟姐妹们都嘲笑他是"书虫"。

妹　妹："真是个书呆子，书有什么好看的！"

弟　弟："成天就知道看书，看书就会飞了吗？"

（弟弟妹妹们的这番话让凯文很受伤害。但即便如此，凯文还是会继续回到图书馆，这是唯一让他快乐的地方——）

旁　白：秋天到来的时候，问题也来了。凯文的兄弟姐妹都提醒他得赶紧练习飞行了，过两天大家就要飞走了呀。可凯文的回答居然是："哦，没错，这叫'迁徙'。我读过这个词儿。"

旁　白：到了出发的那一天，燕八哥们都飞上了天，可凯文只能眼巴巴地看着，眼泪流了下来。没想到，凯文的兄弟姐妹用从垃圾堆里捡回来的绳子把凯文捆了，他们用嘴叼着绳子的一头，拽着凯文飞了起来，就这样飞了

一天又一天。凯文在天上看到了河流、山脉和城镇，这些景色他夏天读书时都读到过。他很激动，指给兄弟姐妹们看："这些我在书里都读到过……"但是其他小八哥只顾专心飞翔，一路向南。

场　景：山洞

（有一天，风忽然刮得很猛，大树都被刮得东倒西歪了，鸟儿的飞翔也越来越困难）

凯　文："我在书里面读到过，这个是飓风，小伙伴们，快跟我一起躲到那边的山洞去。"

旁　白：风停了，小伙伴们一起走出了山洞，大家欢呼着，这都是凯文的功劳。

妹　妹："凯文，对不起，之前那样说你，是我不好！"

弟　弟："凯文，我们今后向你学习，多读书！"

（就这样，凯文成了大家的偶像）

蘑菇该奖给谁

（创作及表演班级：二年级7班）

旁　白：森林里住着相亲相爱的小兔一家人，兔小白、兔小黑和兔妈妈。这天天气特别晴朗，兔妈妈准备出门采蘑菇，忽然想起了一件事。

妈　妈：孩子们，下星期学校要举行跑步比赛，你们在家可要好好练习，不许偷懒哟。

小　白：放心吧，妈妈，我会认真练习的。

小　黑：跑步是我的特长，瞧我这飞毛腿，保证完成任务。

妈　妈：表现好的，妈妈回来会奖励，孩子们再见。

合　：妈妈再见。

旁　白：兔妈妈采着又大又新鲜的蘑菇。

妈　妈：孩子们一定喜欢。

小　白：兔小黑，咱们去练习跑步吧！

小　黑：不急不急，还早着呢，玩一会儿再去吧！

小　白：快走吧，难道你忘了妈妈和我们说的话了吗？

小　黑：真没劲，一根筋。

小　白：你不走，我一个人去练习啦。

小　黑：那好吧，咱俩一起去，顺便看看风景。

旁　白：小白和小黑一起练习跑步，小白认真刻苦，小黑东看看西望望，应付了事，不一会儿，小黑就躲到树后睡觉去了。

小　白：一个人跑来跑去，也不知道快慢，不如找个伙伴来比一比吧。

（骏马上）

小　白：骏马大哥你好。

骏　马：兔小白，你好。

剧场游戏
滋养儿童审美情趣 >>

小　白：咱们俩比赛跑步，好吗？

骏　马：和我比赛跑步，不是我小看你，我可是日行千里。

小　白：对呀，我想和你比一比。

骏　马：好样的，那就来吧，输了可不能哭鼻子哟。

　　　　［音乐响，比赛开始了，小白兔落在了后面，骏马赢了。（在台上跑两圈）］

旁　白：兔小黑醒来了，伸了个懒腰，四处张望。

小　黑：真舒服，咦？兔小白呢，小白呢？

（乌龟上）

小　黑：乌龟大姐你好，你看到兔小白了吗？

乌　龟：你好，兔小黑，小白和骏马在比赛跑步，可精彩呢。

小　黑：有了，咱俩也来比赛跑步吧。

乌　龟：我没听错吧，你要和我比赛跑步，那你一定赢。

小　黑：比一比嘛！

乌　龟：好吧，陪你锻炼锻炼。

（音乐起）

旁　白：比赛开始，兔小黑不费吹灰之力轻轻松松得了第一。（跑两圈）

晚上，兔妈妈提着一大篮子蘑菇回来了。

妈　妈：孩子们。

合：妈妈回来了，妈妈辛苦了。

妈　妈：你们今天练习跑步了吗？

合：练习了，还和小伙伴们比赛了呢！

妈　妈：谁表现得最出色，我奖给他一个最大的蘑菇。

小　黑：我今天参加跑步比赛得了第一名，大蘑菇是我的。

小　白：我今天参加跑步比赛，落在后面了。

妈　妈：我的好孩子，你们都和谁比赛了？

小　黑：我和乌龟大姐比的，她太慢了，我不费劲就把她甩得老远老远。

小　白：我和骏马大哥比的，他太快了，我用尽全力也追不上他。

旁　白：妈妈亲了亲小白兔。

妈　妈：这是给你的奖品。

小　黑：明明我是冠军，为什么把大蘑菇奖给小白？

妈　妈：孩子，因为小白不偷懒，敢和高手比。

小　黑：妈妈，我错了。

妈　妈：知错就改还是好孩子。

小　白：妈妈，我们叫上骏马大哥、乌龟大姐到我们家喝蘑菇汤吧。

妈　妈：好的，孩子。

小白小黑：骏马大哥，乌龟大姐，喝蘑菇汤喽。

乌龟骏马：来了来了。

（音乐起，一起跳下台）

彩虹色的花

（创作及表演班级：二年级8班）

（背景音乐响起，彩虹花上台站好，轻轻左右摇摆）

旁　　白：太阳升起来把原野照得亮亮的。

（太阳上台，站在舞台右前方）

太　　阳："好，今天我一定要把积雪全都融化掉。哎？昨天还是一片积雪的原野上，竟然开着一朵花！早安，你是谁？"

彩虹花："早安，我是彩虹色的花。冬天的时候，我一直待在泥土里，可我再也等不及了。现在终于见到你了，我多高兴呀！我想跟每个人分享我的快乐。"

太　　阳：吼吼，很高兴见到你！

旁　　白：过了几天，好像有谁从花儿的身边走过。

彩虹花："早安，我是彩虹色的花。你是谁呀？"

小蚂蚁："我是蚂蚁。我现在要去奶奶家。可是，雪融化了，原野中间有一个很大的水洼。我怎么才能过去呢？"

彩虹花："是这样啊。那你爬上来，摘一片花瓣试试看，说不定能用得上呢。"

（张茜蒙蹲下，臧柚柚自己取下红色花瓣）

小蚂蚁：太好了，谢谢你！

彩虹花：不用谢！我很快乐！

（两人挥手再见）

旁　　白：又过了几天，一个很舒服的晴天，好像又有谁走过。

（陶子妙＋黄毅一起上场，小蝴蝶在彩虹花背后飞舞，飞到花瓣处停留一会儿）

彩虹花："你好，我是彩虹色的花。你是谁呀？你为什么那么难过？"

小蜥蜴："我是蜥蜴，今天我要去参加宴会，可是没有合适的衣服。怎么办呢？"

彩虹花："哦，（低头看身上花瓣）也许我的哪一片花瓣与你的绿色相配。你看呢？"

（张茜蒙取下粉色花瓣，送给小蜥蜴）

小蜥蜴：太好了，谢谢你！

彩虹花：不用谢！我很快乐！

（两人挥手再见）

旁　白：这些日子，每天的阳光都很强烈。好像有谁从花儿的身边走过。

（袁成瑞呼哧呼哧喘气，拍拍胸口）

彩虹花："你好。我是彩虹色的花。你是谁呀？你怎么呼哧呼哧地喘着气呢？"

小老鼠："哦，你好。我是老鼠。最近天气又闷又热，弄得我晕乎乎的。要是有把扇子就好了。"

彩虹花："噢，那用我的花瓣不正好吗？"

（张茜蒙取下蓝色花瓣，送给小老鼠）

（袁成瑞拿着花瓣扇风）

小老鼠：太好了，谢谢你！

彩虹花：不用谢！我很快乐！

（两人挥手再见）

（小蝴蝶／陶子妙 飞下舞台）

旁　白：白天越来越短了，已经是秋天了。好像有谁从天空飞过。

（播放鸟鸣声）

彩虹花："你好。你是谁呀？你还会飞啊？"

小　鸟："你好，我是小鸟。因为我有翅膀，所以会飞呀。今天是我孩子的生日，我出来为她选一件礼物。可是，飞来飞去，什么也没找到，正着急呢。"

彩虹花："那你看看我这儿有没有她喜欢的彩色花瓣呢？"

（张茜蒙取下黄色花瓣，送给小鸟）

小　鸟：太好了，谢谢你！

（小鸟宝宝上台，在张茜蒙右后方闪动翅膀）

彩虹花：不用谢！我很快乐！

（两人挥手再见）

（符清雅将花瓣递给鸟宝宝）

小　鸟：亲爱的宝贝们，生日快乐！我们把它铺在小床上吧。

鸟宝宝：谢谢亲爱的妈妈，这么漂亮的花瓣，是从哪儿来的呀？

小　鸟：这是彩虹花送给你们的。

鸟宝宝一起飞到彩虹花面前：谢谢彩虹花，我们很喜欢！

彩虹花：祝你们生日快乐！

鸟宝宝：谢谢！再见再见！

旁　白：有一天，乌云遮住了天空。好像有谁跟花儿打招呼：

小刺猬："你好，彩虹色的花。最近冷多了，眼看就要下雨了，怎么办？"

旁　白：原来是一只刺猬。彩虹色的花用虚弱的声音回答：

彩虹花："我能帮你什么忙吗？"彩虹花低头看花瓣："送你一片花瓣挡雨吧！"

（张茜蒙取下绿色花瓣，送给小刺猬）

（张熠铭把花瓣顶在头上试了一下，再从头上放下来）

第四章 "演"——创作表演剧本

小刺猬：太好了，谢谢你！

彩虹花：不用谢！我很快乐！

（两人挥手再见）

旁　白：天空越来越暗，传来阵阵雷声。（播放打雷声）大风把最后一片花瓣也刮走了。

（张茜蒙取下紫色花瓣，轻轻扔在舞台上）

太阳隐去了自己的光芒。彩虹色的花也折断了，但她仍然静静地站在那儿。雪花仿佛要拥抱彩虹色的花，轻轻地、轻轻地飘落下来……

（张茜蒙蹲下，双手抱住自己）

很快，大雪覆盖了所有东西，一片白茫茫的。谁会想到，在这里曾经开过一朵彩虹色的花呢！

就在这个时候……

从雪中升起一道耀眼的彩虹般的光芒，把天空照亮了。蚂蚁、蜥蜴、老鼠、小鸟和刺猬都从远处跑了过来。

所有小动物上场，围着张茜蒙，把花瓣粘到张茜蒙裙子上

他们看着光芒，心里渐渐温暖起来。大家都想起了彩虹色的花曾经给过自己的帮助。

漫长的冬天终于过去了，春天又来了。

（张茜蒙站起来，伸个懒腰）

小动物齐声说：太好了，你醒了！

太阳探出头来，他吃了一惊，很高兴地说：

太　阳："早安，彩虹色的花。又见到你了。"

（《春天在哪里》音乐响起）

小动物们一起拍手（拍到会唱歌的小黄鹂停止拍手），拉起小手，围着彩虹色花左右来回转圈圈。彩虹色花轻轻左右摇摆，拍手。

音乐结束，大家站齐一起谢幕。排队走下舞台。

离紫色花瓣最近的小朋友，捡起舞台上的紫色花瓣带走。

123

爱笑的鲨鱼

（创作及表演班级：二年级9班）

演　出：朱锐季（笑笑），杨石雨（天使鱼），黄芦彬（黄刺鲀），汤新妍（海星），蔡瞿嫣（水母），钱徐依辰（蓝章鱼），黄诗雅（紫章鱼），蒋吴世宇（鳄鱼），黄诗雅爸爸（渔夫）

蒋少桐：（独白）在遥远的、深深的、波涛汹涌的大海里，住着一条名叫笑笑的鲨鱼，他是大海里最有趣、最爱笑、最阳光、最喜欢交朋友的鱼，也是个头最大、牙齿最多的鱼。每天鲨鱼笑笑都能看见漂亮的鱼儿们，伴着朵朵浪花，在大海里畅游。鲨鱼笑笑也想跟他们一起潜水和游泳。可是，每当笑笑向鱼儿们微笑时，他们都会迅速躲开。

笑　笑：你愿意和我一起玩吗？

天使鱼：天哪！是鲨鱼！这么大的嘴巴会吃掉我的！（转身游走）

笑　笑：你吹的泡泡真好玩！

黄刺鲀：天哪！鲨鱼你别过来，我有武器保护！（用手捏一下鲨鱼的鼻子，吓跑，笑笑也转身跑下）

笑　笑：你是海星吗？

海　星：是的啊。（扭动身体）

笑　笑：你的舞蹈太美了！

海　星：啊！你的牙好大啊，不要咬我啊！（转身游走）

笑　笑：你的透明伞好漂亮啊！

水　母：哇！是鲨鱼！我好害怕你锋利的牙齿！（转身游走）

笑　笑：你们和我做好朋友，一起玩可以吗？

蓝章鱼：（面对紫章鱼）哇！前面那条鱼的牙齿好大啊，是什么鱼？

紫章鱼：（面对蓝章鱼）我看看。呀！是鲨鱼，我们赶快逃跑吧！（转身游走）

笑　笑：好可爱的鳄鱼啊！

鳄　鱼：天哪是鲨鱼！虽然我是鳄鱼，但是我的牙齿还是没有你厉害，我得赶紧跑。

笑　笑：（沮丧）唉！所有的鱼都害怕我这又大又白的牙齿吗？（呜呜呜）

鱼儿们：（一起）鱼儿们上场快活地游着，速度比以往要快，鲨鱼笑笑远远地看着。老渔夫撒网捉住鱼儿们。

鱼儿们：救命啊，救命啊！鲨鱼笑笑快来帮帮我们吧！

蒋少桐：（独白）笑笑怎样才能帮上忙呢？他唯一能做的就是……笑！

笑　笑：绕着渔网转了一圈又一圈，张大嘴巴。（微笑）

笑　笑：（对着渔夫大笑）我是鲨鱼笑笑！

渔　夫：啊！饶了我吧，我这就放了他们。

鱼儿们：（一起）噢耶！我们得救啦！谢谢你，鲨鱼笑笑！

蒋少桐：（独白）从那以后，在遥远的、深深的、波涛汹涌的大海里，我们都会看到，鲨鱼笑笑和他的朋友们在一起，下潜、猛冲、拍水花，当然还有微笑。

第 2 节 "经典剧本"我来演

绘本剧：灰姑娘

（创作及表演班级：二年级 10 班）

演　员：旁白、爸爸、后母、海伦、珍妮、王子、爱莉斯、士兵甲、士兵乙、仙女

道具要求：衣服（公主裙、王子装），高跟鞋一双，水果若干，电话两部，闹钟一个

第一场

旁　白：很久很久以前，有一个可爱的姑娘，她的名字叫爱莉斯，她的妈妈死了，她的爸爸很爱她。

爸　爸：（出场、手捧礼物）亲爱的女儿，这个礼物是给你的，你喜欢它吗？

爱莉斯：（作惊喜状）噢！谢谢你，爸爸！

爸　爸：我亲爱的女儿，我愿你永远快乐！

爱莉斯：不过亲爱的爸爸，我肚子有些饿了。

爸　爸：我很抱歉，我马上给你做饭。

爸爸退场。爱莉斯退场。

旁　白：可是一天她的父亲找了一个新妈妈，看，她的后母和她的新姐姐们来了。

后母带领两个女孩出场。

后　母：海伦，珍妮，看，多么漂亮的房子啊！

海　伦：对，还有许多水果，苹果啊，香蕉啊，芒果啊，还有荔枝！喔！我爱死它们了！

珍　妮：（指向一堆衣物）妈妈，你看，还有漂亮的衣服，我喜欢这个！

爱莉斯：（出场）噢，不行，那是我的！那是爸爸买给我的新衣服！

珍　妮：你是哪个？妈妈，她是哪个？

后　母：她是你们的妹妹，没事，爱莉斯，去，快去打扫屋子给我们做饭！

爱莉斯：为什么啊？我不是你们的仆人呀！

后　母：但是从现在起，你就是我们的仆人了！

爱莉斯委屈地退场。

旁　白：从那以后，爱莉斯就变成了她们的仆人，她从早到晚地干活，她没有屋子住，她没有好东西吃，也没有好衣服可穿，她越来越脏，所以周围的人都叫她灰姑娘。

第二场

敲门声响起。

后　母：哪个啊？

士　兵：是我，我是来自王宫的士兵，早上好，女士！这是给你和你女儿的。

后　母：是什么啊？珍妮！海伦！好消息！王宫将会有个盛大的舞会，王子要从姑娘们里面选一位做他的王妃！

珍妮和海伦：哇！我将会是王妃！

后　母：女儿们，快点！你们一定要穿上你们最最漂亮的衣服，打扮得漂亮点！

珍妮和海伦下场、打扮。

爱莉斯：妈妈，我也很想去！

后　母：就你？看看你自己，这么脏这么丑！女儿们，准备好了吗？我们快走！

后母和姐姐们退场。

爱莉斯：（哭泣）噢，我真的很想去，我该怎么办才好？

仙女出场

仙　　女：可怜的小姑娘，让我来帮助你！（给爱莉斯去掉围裙、套上衣物）爱莉斯，去舞会跳舞吧，不过要记住，你必须得在夜里十二点钟前回来，否则一切将会变回原样。

爱莉斯：谢谢你仙女姐姐！

仙　　女：当心点，别忘记时间！

爱莉斯：噢，我不会忘记的！

爱莉斯退场。仙女退场。

第三场

国　　王：女士们，先生们，欢迎参加这次的王宫舞会，我是你们的国王。今晚，我们的王子将会选出一位最漂亮最善良的女孩成为他的王妃，现在，年轻的女孩们，请来到中央起舞吧。

若干名女士、先生出场。起舞。

国　王：怎么样，你喜欢哪个女孩？

王　子：不，一个都不喜欢。

灰姑娘出场

国　王：哇！看那个女孩，她好漂亮！

王　子：美丽的姑娘，我可以请你跳舞吗？

爱莉斯：噢，是的，我愿意。

爱莉斯、王子起舞。

　　　　（十二点钟钟响）

爱莉斯：噢，天哪，是时候该回去了，我必须得走！

　　　　（爱莉斯慌忙退场。掉落水晶鞋）

王　子：等等！等等！你叫什么？

　　　　（王子捡起水晶鞋）

王　子：（凝视水晶鞋）我一定要找到你！我的士兵呢？！

士兵甲、乙：在！

王　子：把这只鞋子拿到每家每户，你们必须要找到这个女孩！

士兵甲、乙：是的！遵命！

第四场

后　母：有什么事吗？官大爷？

士兵甲：尊敬的女士，你们家有年轻的小姐吗？

士兵乙：一位可爱的姑娘在舞会上掉了她的鞋子，王子想找到她和她结婚。

海　伦：让我试让我试！这只鞋子是我的！

海伦试鞋。

士兵甲：哦，对不起，鞋子太小了，不是你的鞋。

珍　妮：是我的，是我的，让我来试试！

士兵乙：哦，它不是你的，它太大了。

后　　母：嗨！也许是我的呢！让我试试！

士兵乙：哦，我的老天！它不可能是你的。你家还有其他的小姐吗？

爱莉斯出场。

爱莉斯：你好，先生，我可以试一试吗？

后　　母：你？滚！

海　　伦：看看你自己！

珍　　妮：又丑又脏！

士兵甲：不，女士们，让她试试。过来，小姐，请穿上它。

爱莉斯：谢谢！

士兵甲、乙合：太完美了，它就是你的！

士兵甲：（掏出电话、打电话）5535240

王　　子：（在角落出场、打电话）你好！我是王子。

士兵甲：殿下，好消息，我们找到了这位漂亮的女孩了！

王　　子：真的？真的是太好了！我会在第一时间内赶到！

王子赶到。

王　　子：噢，我最爱的姑娘，我爱你！和我一起离开这，做我的妻子，你愿意吗？

爱莉斯：噢，我愿意！

后母和姐姐们：为什么会这样？

旁　　白：这就是故事的结局，爱莉斯最终找到了她的幸福，爱莉斯和王子从此幸福地生活在一起。

第四章 "演"——创作表演剧本

爱心树

（创作及表演班级：二年级11班）

旁　白：从前有一棵大树，它喜欢上一个孩子。孩子每天会跑到树下，采集树叶，给自己做王冠，想象自己就是森林之王。他也常常爬上树干，在树枝上荡秋千，吃树上结的苹果，同大树捉迷藏。累了的时候，就在树荫里睡觉。孩子爱这棵树，非常非常爱它，大树很快乐。但是时光流逝，孩子逐渐长大，大树常常感到孤寂。

有一天孩子来看大树。

大　树：来吧，孩子，爬到我身上来，在树枝上荡秋千，吃几个苹果，再到阴凉里玩一会儿。你会很快活的！

孩　子：我已经大了，不爱爬树玩儿了。我想买些好玩儿的东西。我需要些钱，你能给我一点儿钱吗？

大　树：很抱歉，我没有钱，我只有树叶和苹果。把我的苹果拿去吧，孩子，把它们拿到城里卖掉，你就会有钱，就会快活了。

旁　白：于是孩子爬上大树，摘下树上的苹果，把它们拿走了。大树很快乐。

　　　　（很久很久，孩子没有再来看望大树，大树很难过）

　　　　（后来有一天，孩子又来了。大树高兴地摇晃着肢体）

大　树：来吧，孩子，爬到我的树干上，在树枝上荡秋千，你会很快活的！

孩　子：我有很多事要做，没有时间爬树了。我需要一幢房子保暖，你能给我一幢房子吗？

大　树：我没有房子，森林就是我的房子。但是你可以把我的树枝砍下来，拿去盖房。你就会快活了。

旁　白：于是那个孩子把大树的树枝都砍下来，把它们拿走，盖一幢房子。大树很快乐。

131

（孩子又有很长时间没有来看望大树了。当他终于又回来的时候，大树非常高兴，高兴得几乎说不出话来）

大　树：（它声音喑哑地说）来吧，孩子，来和我玩玩吧！

孩　子：我年纪已经大了，心情也不好，不愿意玩儿了。我需要一条船，驾着它到远方去，离开这个地方。你能给我一条船吗？

大　树：把我的树干砍断，用它做船吧。这样你就可以航行到远处去，你就会快活了。

旁　白：于是孩子把树干砍断，做了一条船，驶走了。

（大树很快乐，但是心坎里却有些……又过了很久，那孩子又来了）

大　树：非常抱歉，孩子，我没有什么可以给你的了。我没有苹果了。

孩　子：我的牙齿已经老化，吃不动苹果了。

大　树：我没有枝条了，你没法儿在上面荡秋千了——

孩　子：我太老了，不能再荡秋千了。

大　树：我也没有树干，不能让你爬上去玩了——

孩　子：我很疲倦，爬也爬不动了。

大　树：（叹了口气）真是抱歉，我希望还能给你点儿什么东西……但是我什么都没有了。我现在只是个老树墩，真是抱歉……

孩　子：我现在需要的实在不多，只想找个安静的地方坐坐，好好休息，我太累了。

大　树：那好吧。（它尽量把身子挺高）你看，我这个老树墩，正好叫你坐在上面休息。来吧，孩子，坐下吧，坐在我身上休息吧。

（于是孩子坐下了。大树很快乐）

旁　白：有没有一点想哭？其实我们每一个人都有一棵属于自己的爱心树，只是可能错失在曾经懵懂的岁月里，或是在忙碌的生活中渐渐模糊了。听着孩子开心地叫着"苹果树、王冠、船……"，不禁在想："亲爱的小人，有一天你也会成为一棵爱心树，只是你感受到了吗？现在在你的身边，就有这样一棵爱心树。她也会永远静静地陪着你，陪着你快乐，陪着你烦恼，陪着你听岁月如歌……"

第四章 "演"——创作表演剧本

我的幸运一天

（创作及表演班级：三年级3班）

演　员：小猪——孩子、狐狸——爸爸、旁白——妈妈

道　具：桌子1张，椅子2把，一份饼干，几个西红柿，水桶1个，毛巾1条，小猪头饰1个，狐狸头饰1个。

【场景】狐狸家

　　　　（狐狸背对大家坐在椅子上，然后旁白响起的时候，狐狸转身站起来，一边走来走去，一边修爪子，一边作肚子饿状，一边说：饿啊，好饿啊）

旁　白：一天，一只饥饿的狐狸正准备出门找午餐。在他修爪子的时候，忽然门外传来了一阵敲门声。

　　　　（咚咚咚，门外小猪敲门，上场）

小　猪：（欢快地）嗨，小兔子！你在家吗？

　　　　（狐狸听到小猪的声音后对台下做"保持安静"的手势，蹑手蹑脚地来到门边）

狐　狸：（小声地）兔子？如果这儿有什么兔子的话，我早就把他当早餐了。

旁　白：狐狸打开门，发现门外站着一只小肥猪。

　　　　（狐狸作窃喜状拉开门）

小　猪：（一边跳舞，一边尖叫、惊慌地）哎呀，我找错门了！

狐　狸：（开心、惊喜地）啊，没错，你找的正是地方！

　　　　（音乐《哎呀》起，小猪作逃跑状，狐狸紧追不舍，将小猪抓住，用力拖至舞台中央）

旁　白：他一把夹住小猪，使劲地把他拖了进来。

狐　狸：（边拖着小猪边得意地笑着说）哈哈，这真是我的幸运一天！什么时候午餐竟然自己送上门来了！

小　　猪：（一边挣扎一边尖叫）放开我！让我走！

　　　　　（狐狸紧紧抓住、按住小猪不让小猪动）

狐　　狸：对不起，小子，这可不是一般的午餐，这是一顿烤猪肉——我的美味大餐！现在，就到烤锅里去吧！

　　　　　(烤锅用椅子代替)

旁　　白：挣扎也没有用了。

小　　猪：（叹了口气）好吧，听你的安排吧。可是，我有一件事情要说。

狐　　狸：（怒吼）什么事？

小　　猪：嗯，你知道，我是一只猪，而猪是非常脏的。难道你就不想给我先洗洗澡吗？想一想吧，狐狸先生。

　　　　　(小猪举起膀子转圈让狐狸打量他的脏身子，狐狸皱着眉头打量着，不时地捂住鼻子)

狐　　狸：（自言自语）嗯……他是很脏。我得给他洗洗。

【场景】水桶旁（狐狸和小猪来到水桶旁边）

旁　　白：于是，狐狸开始忙起来了：他捡树枝。他生火。他拎水。然后，他给小猪痛痛快快洗了个澡。

（狐狸忙碌地准备各种洗澡的物品，不时地擦着头上的汗。小猪看着狐狸忙前忙后）

（音乐《嘻唰唰》起，狐狸开始给小猪洗澡，小猪作舒服状，不时让狐狸帮他洗洗这儿，洗洗那儿，狐狸边洗边擦汗，还发出大声喘气的声音）

（几分钟后，洗好了，狐狸把小猪拖至台中央）

狐　　狸：（打量着小猪）好了，现在你是全村最干净的小猪了，给我安静地待着吧！

小　　猪：（叹了口气）好吧，听你的安排吧。可是……

狐　　狸：（怒吼）又可是什么？

小　　猪：嗯，你知道，我是一只非常小的猪。难道你就不想喂饱我，让自己吃得更过瘾一点吗？想一想吧，狐狸先生。

狐　　狸：（自言自语，打量着小猪）嗯，他确实小了一点。胖点更好吃。

（音乐响起，狐狸推着小猪至台右后侧。再次把小猪绑在椅子上。跑来跑去地把饼干和通心粉端上桌子，狐狸汗水直淌，气喘吁吁。小猪坐下来大口吃，小猪作贪吃状）

旁　　白：于是，狐狸开始忙起来了：他摘西红柿。他做通心粉。他烤小甜饼。然后，他给小猪吃了一顿丰盛的午餐。

（几分钟后，小猪吃饱了，打了一个饱嗝儿，然后狐狸把小猪拖到台中央）

狐　　狸：好了，现在你是全村最肥最嫩的猪了。给我进烤锅吧！

小　　猪：（叹了口气）好吧，听你的安排。可是……

狐　　狸：（怒叫）可是，可是，可是什么？

小　　猪：嗯，你知道，我是一只勤劳的猪，所以我的肉特别硬。难道你就没有想过先给我按摩一下，让自己能吃上更嫩一点的烤肉吗？想一想吧，狐狸先生。

狐　狸：（自言自语）嗯，肉嫩一点当然更适合我的口味啦！

（狐狸让小猪坐在椅子上，音乐《天鹅》起，小猪此时指挥狐狸按摩，狐狸将小猪从头到脚又捏又敲又打）

旁　白：于是，狐狸又开始忙起来了：他先推推这儿，又拉拉那儿。他把小猪从头到脚又捏又敲。

小　猪：（享受地）这真是令人害怕的按摩！不过，这些日子我确实工作得很辛苦，我的背都僵硬了，你能再用点力吗，狐狸先生？再多用一点点力气就好了。噢，可以了，可以了。现在，再往左边用点力气……

（狐狸一边按摩一边假装累得往后退，一直退到旁边，找一个地方睡倒下去）

小　猪：（站起来四处张望，假装寻找）喂，狐狸先生，你在哪儿？

旁　白：可是，狐狸先生再也听不见了——他累昏过去了，连抬手指头的力气都没有了，更别说烤猪肉啦！

小　猪：（在某个地方找到狐狸，看到狐狸睡在地上后，同情地）唉，可怜的狐狸先生，他忙了整整一天！

（小猪带着剩余的小甜饼，跑一圈再到台中间）

旁　白：然后，村里最干净、最肥、最柔软的小猪，拿着剩下来的小甜饼飞快地跑回家去。

小　猪：（得意地一边吃，一边看书，一边对观众说）啊！多么舒服的澡，多么丰盛的午餐，多么惬意的按摩，这真是我最幸运的一天！

（剧终）

小猪、狐狸、旁白手拉手谢幕："谢谢大家！"

小老鼠和大花猫

创作及表演班级：2017 级 4 班

场　景：有只大老猫跟小猪学会了洗泥澡。它每天都到池塘滚一身泥巴，再用水冲干净。嘿！皮毛刷个干净，还能去掉虱子呢！

（一天，它又滚了一身泥巴，玩累了，在草丛中睡着了。一群老鼠路过这儿，发现一只干巴巴的大泥猫，就把它运回了山洞，朝它吹起气来。拽尾巴，扯胡子，踢屁股，大伙儿直闹得又累又饿了，才一起出门找吃的，只留下一只小老鼠看门）

大老猫：（忍着一肚子火，悄声地说）小老鼠，勾勾手，咱俩做个好朋友！

小老鼠：（吓了一跳，听出泥猫在说话，它就双手一背）哼！大泥猫，不害羞！老鼠怎么跟你交朋友？

大老猫：小老鼠累不累？咱俩一起敲敲背。

小老鼠：（把嘴一撇）哼！大泥猫，你别耍花招，鼠王出门去买刀，把你的脑袋来砍掉！

大老猫：（哈哈哈，哈哈哈）我对砍头不害怕！

小老鼠：（一听愣住了，眼珠一转）大泥猫，你别笑，我用炉火把你烧！

大老猫：用火烧我更开心，泥猫越烧越坚硬！

（小老鼠气坏了，端来一盆脏水）

大老猫：泥猫见水好害怕，变成一堆烂泥巴。（大老猫装出一副害怕的样子哭着说）

（嘿！小老鼠一听，可来劲了！"哗"地一下，把一大盆脏水泼了上去。这一泼可了不得，只听"喵呜"一声，泥猫变成了大活猫。它"呼"地一蹿，把小老鼠逮个正着，一口吞了下去）

大老猫：不怪老鼠长得笨，是我老猫太聪明！（它一边唱，一边大摇大摆地走出了山洞）

白雪公主和七个小矮人

（创作及表演班级：三年级5班）

第一场

旁　白：从前在一个遥远的国度里，有个白雪公主，在她小的时候，她的母后就去世了，国王又娶了个漂亮的新王后，新王后骄傲自负，嫉妒心极强，只要听说有人比她漂亮，她就忍受不了，想尽一切办法把她除掉。（停顿，继续旁白）

旁　白：王后迈着缓慢的步伐走向魔镜，她对魔镜左顾右盼。

（王后和魔镜出场）

王　后：魔镜啊，魔镜，谁是世界上最美丽的女人？

魔　镜：尊敬的王后，您是世界上最美丽的女人。

王　后：哈哈哈哈！

（退场）

旁　白：几年以后白雪公主长大了，她长得比明媚的春光还要艳丽夺目，比王后还要美丽动人。这一天，王后像往常一样去问魔镜。

（王后和魔镜出场）

王　后：魔镜啊魔镜，快告诉我，谁是世界上最美丽的女人。

魔　镜：尊敬的王后啊，以前您是世界上最美丽的女人，可是现在呀，我看到了另外一个女人，她比您还要美丽动人。

王　后：什么？竟然有人比我还要漂亮。魔镜啊魔镜，快告诉我她是谁？

魔　镜：尊敬的王后，已经长大了的白雪公主，就是这个世界上最美丽的女人。

王　后：啊！不，这世上谁也不能比我漂亮，我要杀了她，一定要杀了她，来人，把王国里最厉害的猎人给我带来。

（猎人出场）

猎　　人：尊敬的王后，我就是王国里最厉害的猎人，请问您有什么吩咐？

王　　后：我命令你给我把白雪公主带到森林里杀掉，把她的心带回来，快去，哼！

（王后和魔镜说完就退场）

猎　　人：啊，天哪，这可怎么办啊？不行，我得想个办法，找个猪心交给王后。

（猎人退场）

旁　　白：此时白雪公主正在无忧无虑玩耍，全然不知自己已经身处危险之中。

第二场

（白雪公主出场，随着音乐招手，两个精灵接着出场，最后猎人出场）

白雪公主：亲爱的猎人先生，你好呀！

猎　　人：亲爱的白雪公主，王后派我来杀了你。

白雪公主：哦！求求你不要杀了我！不要杀了我！

小精灵一齐：不要，不要，求求你不要伤害她，不要伤害她。

猎　　人：白雪公主，你那么善良，那么美丽，我怎么忍心伤害你，请你快点离开，再也不要回到王宫了。

白雪公主：猎人先生，谢谢你，你真是个好心人。

猎　　人：可怜的公主，快逃吧！我走了！

（猎人退场）

精灵一齐：白雪公主不要哭，我们有办法，在森林的深处，有七个小矮人的家，你就去那里吧！

白雪公主：好的，谢谢你们，再见！

精灵一齐：再见！

（精灵退场）

旁　　白：惊慌失措的白雪公主朝着森林深处逃去，黑暗中大树的影子看起来是如此的可怕，她一刻也不敢停下自己的脚步，终于，在前方她找到了一个小木屋。

白雪公主：好大的房子，有人吗？这真是一个不错的地方，我现在又累又饿，让我在这里休息一下吧。

（随着音乐，七个小矮人出场）

七个小矮人：1. 快看有人打开了我们的家门！ 2. 快看有人动了我们的椅子！ 3. 快看有人动了我们的盘子！ 4. 快看有人动了我们的勺子！ 5. 快看有人喝了我们碗里的汤！ 6. 快看有人喝了我们杯子里的水！ 7. 快看有人睡在我们的床上！

七个小矮人：1. 哇，好美丽的女孩儿啊！ 2. 她的头发在夜晚像天空一样黑！ 3. 她的皮肤像雪一样白！ 4. 她的嘴唇像玫瑰一样红！ 5. 她的睫毛又长又翘！ 6. 她就像个小天使！ 7. 快看，咦，醒了！

白雪公主：你们是谁？

七个小矮人一齐：我们是小矮人，这里就是我们的家，你是谁？

白雪公主：我是白雪公主，王后要杀死我，好心的猎人放了我，逃到了森林，来到这儿，求求你们收留我。

七个小矮人一齐：可怜的公主，你就留在这里吧，我们会保护你的。

白雪公主：太感谢你们了！谢谢你们！

七个小矮人一齐：我们去工作了，再见！

白雪公主：再见。

（小矮人和白雪公主退场）

旁　白：好心的猎人把一颗猪心交给了王后，得意的王后又来到了魔镜面前。

（王后和魔镜出场）

王　后：魔镜啊魔镜，快告诉我，谁是世界上最美丽的女人。

魔　镜：尊敬的王后，在森林里有一些小矮人的家里，住着世界上最美丽的白雪公主。

王　后：什么？不可能，白雪公主已经死了，猎人把她的心带给了我。

魔　镜：尊敬的王后，猎人欺骗了你。

王　后：可恶的猎人，你敢欺骗我！这次我要亲自去，一定要把白雪公主

杀掉，哼！

（魔镜和王后退场）

旁　　白：狠毒的王后，扮演了一个老婆婆，她带着一个有毒的苹果，来到森林中找到了七个小矮人的家。

王　　后：苹果啊！苹果啊！美味的苹果啊！又大又圆的苹果啊！

白雪公主：老婆婆你好！请问你有什么事吗？

王　　后：好心的姑娘，请买一个苹果吧！这苹果又大又圆，你快尝尝吧！

白雪公主：好的，谢谢老婆婆！啊呜！哎呀！

王　　后：哈哈哈哈！白雪公主终于死了，现在我是这个世界上最美丽的女人了，哈哈哈哈！哈哈哈哈！哈哈哈哈！哈哈哈哈！

七个小矮人一齐：呜呜呜呜！呜呜呜呜！白雪公主，呜呜呜呜！你醒醒啊！呜呜呜呜！你醒醒啊！

仆　　人：尊敬的主人，前面有人在哭啊！我们快去看看吧！

王　　子：好的，也许我们可以帮点忙，好美丽的女孩啊！让我亲亲她吧！

白雪公主：谢谢你救了我。

王　　子：你愿意和我一起生活吗？

白雪公主：我非常愿意。

七个小矮人一齐：太好了！太好了！

旁　　白：白雪公主随着王子来到了美丽的国度，过着幸福的生活。王后再也不能加害白雪公主了，她因为自己不是全世界最美丽的女人，不久郁郁而终。

（全部出场，舞蹈）

爱的守望

（创作及表演班级：三年级6班）

时　间：2017年除夕。

人　物：工作中的妈妈；天真的孩童。

妹　妹：过年啰！小孩小孩你别馋，过了腊八就是年。爸妈忙把年货办。又买糖，又买糕，年糕发糕萝卜糕。小孩小孩你别馋，三十就吃年夜饭。包饺子、做火锅，阖家团圆欢乐笑呵呵！

妹　妹：姐姐，你怎么了！

姐　姐："故岁今宵尽，新年明旦来"。今天是除夕夜，妈妈在外地打工没有回家，我好想妈妈呀。

妹　妹：妈妈过年回不来了！我们是多么孤单啊。

　　合：是呀，多孤单啊！

妈　妈："故乡今夜思千里，霜鬓明朝又一年"。又是一年团圆佳节来了，这样的夜晚，远离故乡的游子，无时无刻不在思念着自己的故乡和亲人。

妹　妹：姐姐，你看，天上的那些星星多像妈妈的眼睛啊，她深情地看着我们。

妈　妈：作为妈妈，我是多么牵挂着留守在家中正在读书的儿郎，我归心似箭。"旅馆寒灯独不眠，客心何事转凄然？故乡今夜思千里，霜鬓明朝又一年"。

姐　姐：妹妹，此时此刻，咱们的妈妈一定也在思念着我们，思念着家乡。

妹　妹：姐姐，我怀念去年的今夜，一家人围坐桌前，我在爱的包围中，那一份甜蜜和温暖多好啊！

妈　妈：除夕夜阖家围炉团聚欢乐，我也是别有一番滋味在心头。"守岁家家应未卧，相思那得梦魂来"。我还是赶紧干完手头的活，今天无论如何也要回到孩子们的身边。

（节奏欢快）

姐　姐：除夕一过是新春，新春带来新气象。妹妹，你看，那是不是咱们的妈妈？

妹　妹：是啊，妈妈！

（拥抱）音乐

妈　妈：走，孩子们，咱们回家去，我们一起包饺子！

合：过—新—年！（音乐声中，两声爆竹响，画外齐朗诵，边诵边动作）

两个孩子：《元日》——王安石：爆竹声中一岁除，春风送暖入屠苏。千门万户曈曈日，总把新桃换旧符。

妈　妈：（合）吃年夜饭　　噼噼啪啪什么响，　　噼噼啪啪鞭炮响，
　　　　　　　　　　　　　叮叮当当什么响，　　叮叮当当锅瓢儿响，
　　　　　　　　　　　　　嘻嘻哈哈什么响，　　嘻嘻哈哈笑声响，
　　　　　　　　　　　　　我们一家团团坐，　　又吃菜，又喝汤，
　　　　　　　　　　　　　年夜饭，喷喷香。　　喷—喷—香！

大家在嬉戏声中落幕。

小马过河

（创作及表演班级：三年级 7 班）

场景 1：马厩里住着一匹老马和一匹小马。（杨昕妍和妈妈手拉手转一圈）

妈　妈：（对小马说）你已经长大了，能帮妈妈做点儿事吗？

小　马：（连蹦带跳地）好呀好呀，我很愿意帮您做事。

妈　妈：（高兴地）你把这半口袋麦子驮到磨坊去吧。

（替小马背起背包，小马驮起口袋，飞快地往磨坊跑去）

场景 2：小马被一条小河挡住了去路，河水哗哗地流着。

小　马：（作思考状）我能不能过去呢？

（四周望望，看见一头老牛在河边吃草）

小　马：（招手，喊）牛伯伯，请您告诉我，这条河，我能蹚过去吗？

老　牛：（范爸爸出场）水很浅，刚没小腿，能蹚过去。

（小马听了老牛的话，立刻跑到河边，准备蹚过去）

第四章 "演"——创作表演剧本

场景3： 一只松鼠（小范跑出来）拦住小马

小松鼠：（大叫）小马！别过河，别过河，你会淹死的！

小　马：（转身，望着小松鼠）原来是小松鼠呀，你好！

小松鼠：（认真地说）这水深得很哩！昨天，我的一个伙伴就是掉在这条河里淹死的！（擦着眼睛，带着伤心）

小　马：（连忙收住脚步，来回踱着步子）这可怎么办才好。唉！还是回家问问妈妈吧！

场景4： 小马的家里

　　　　（小马甩甩尾巴，跑回家去）

妈　妈：怎么回来啦？

小　马：（难为情地说）一条河挡住了去路，我……我过不去。牛伯伯说很浅。可是松鼠说河水很深，我不知道怎么办才好！

妈　妈：（笑着说）孩子，光听别人说，自己不动脑筋，不去试试，是不行的。河水是深是浅，你去试一试就知道了。

小　马：（明白状）我知道怎么做了，妈妈，再见！

场景5： 又到小河边

　　　　（小马再次跑到河边，刚刚抬起前蹄）

小松鼠：（冲出来又大叫起来，拉住小马）怎么？你不要命啦！

小　马：让我试试吧！

　　　　（小马下了河，小心地蹚到了对岸）

小　马：原来河水既不像老牛说的那样浅，也不像小松鼠说的那样深。

小　马：（转身，拉住小松鼠）松鼠妹妹，你看，我没事，我带你一起过河吧！

　　　　开开心心过了河。

　　　　四人谢幕！

妈妈心，妈妈树

（创作及表演班级：三年级8班）

道　具：黑板、树、妈妈心、卡纸、胶水、剪刀、彩色笔、订书机、手机等

角　色：小苹果、小苹果的妈妈、阿志、阿志的爸爸、豆豆、小朋友、老师

场景：家里、学校

场景1：学校门口（其他妈妈送孩子上学）

小苹果：（抱着妈妈）妈妈，我不想上学。

（妈妈在她的脸上亲了又亲，并且在她的手上点了三下）

妈　妈：这三下就是我爱你。

小苹果：（紧紧握住那三个字，含着眼泪向妈妈说）再见。

场景2：教室里（孩子们在看书）

豆　豆：我们出去玩吧！

小　凡：我们去跳绳！

小　宇：踢球吧，可以一起玩，怎么样？

阿　志：好啊！好啊！Let's go！

（小苹果不参与，伤心地坐着）

豆　豆：小苹果，你怎么不开心啊？

小苹果：（看看手心）我想妈妈！

小宇、小凡：我也想妈妈！

（其他小朋友沉默地回到自己的位置，趴到桌上。阿志蹲在地上不说话。灯光暗）

场景3：小苹果家里

小苹果：（伤心地说）妈妈，我还是不想去上学。

妈　妈：（在她手上点了三下）我爱你！

小苹果：（哭着说）那三个字我又看不到，我还是会想妈妈，我要妈妈陪我上学。

妈　妈：妈妈想到了一个办法！（用卡纸剪爱心）你把这颗心带去学校挂在教室旁边的大树上，就好像妈妈陪你上课一样，放学后要记得把妈妈心带回来，就好像妈妈陪你回家一样。

小苹果：（看着心，点点头）真好！妈妈再见！

场景4：教室

小苹果：（把妈妈心挂到树上）嗯！真的很像妈妈在陪着我耶！

（小朋友们跑到树下）

阿　志：小苹果，你在挂什么呀？

豆　豆：好像一颗爱心。

小　宇：嗯，红色的爱心哎！

小　凡：哇！好漂亮！

小苹果：这是我妈妈给我做的妈妈心。我把它挂在树上，就好像妈妈在陪我上课！

豆　豆：明天我也让我妈妈给我做一颗妈妈心！

小　宇：我要让妈妈做一个橙色的妈妈心！

小　凡：我喜欢粉色的！

阿　志：好肉麻！我才不要！

（阿志跑开，灯光暗）

场景5：教室门前妈妈树下

（小苹果、豆豆、小宇、小凡站在妈妈树下，手里拿着各自不一样的妈妈心。阿志站在一旁闷闷不乐地看着他们）

小　宇：我的妈妈心最大！

小　凡：我的妈妈心上面还写了"我爱你"三个字！

豆　豆：来，我们把妈妈心挂上去吧！

（各自挂好妈妈心）

小苹果：我们的妈妈心在一起，她们也变成同学啦！走吧，我们去玩吧！

（小苹果、豆豆、小宇、小凡一边走一边回头看看他们的妈妈心）

（阿志摘了两颗妈妈心）

小　宇：阿志，你怎么摘我的妈妈心？

小　凡：我的妈妈心也被他摘了。

（阿志不理，继续摘剩下的两颗）

豆　豆：阿志，你怎么可以这样？！（用手指着阿志）

阿　志：把你们的妈妈心借给我玩。（嬉皮笑脸）

小苹果：讨厌的阿志！我们去找老师。（跺脚）

（小苹果、豆豆、小宇、小凡跑到教室老师那儿去，阿志带着四颗妈妈心回到座位）

小苹果＆豆豆＆小宇＆小凡：老师，阿志他抢走了我们的妈妈心！（生气地）

老　师：（用手抚摸着孩子们的头说）你们不要责怪阿志，他没有妈妈。老师让阿志把你们的妈妈心还给你们就好了。

老　师：（走到阿志身边，摸着阿志的头说）阿志，把妈妈心还给他们，好吗？

阿　志：（把四颗妈妈心往地上一扔）我讨厌你，我讨厌妈妈心！（跑开了，出舞台）

（老师呆住了，愣在那儿）

小苹果：老师，你怎么了？你是不是也不想上学？你也可以请你的妈妈做一颗心，带来挂在树上呀！（老师没有说话）

豆　豆：（悄悄拉了拉小苹果）你好烦呀！老师说过，她和奶奶住在一起，她没有妈妈，谁为她做妈妈心呢？

小苹果：哦……我们去找阿志玩吧。（低声地，若有所悟地）

第四章 "演"——创作表演剧本

（四个孩子默默地出了舞台）

老　师：（沉默着若有所思了一会儿，拿出手机，边走边打电话给阿志爸爸）喂，你好，阿志爸爸，事情是这样的……

阿志爸爸：（旁白）哦哦哦，对不起对不起，好，好，我马上做一颗，谢谢老师！谢谢老师！

（灯光渐暗）

场景6：教室门口，妈妈们和孩子们说再见。孩子们都拿着妈妈心。

阿志爸爸：阿志，这是你的妈妈心！

阿　志：谢谢爸爸！（和爸爸深深拥抱了一下）再见！（阿志蹦蹦跳跳地跑进了教室）

阿　志：（到了教室，得意地拿出他的妈妈心，跟小苹果说）你看，这是我爸爸做的妈妈心。

小苹果：我妈妈也给你做了一颗妈妈心呐！（说着，拿出两颗妈妈心，一颗给了阿志）

豆豆&小宇&小凡：我妈妈也做了两颗，给你一颗。（各自都拿出两颗妈妈心，都给了阿志一颗）

阿　志：（手里拿了四颗妈妈心）走，我们一起去把我们的妈妈心挂到树上去吧！

（阿志带领着小苹果、小宇、豆豆、小凡走到大树下，发现树上有一颗蓝色的妈妈心）

阿　志：咦？那是谁的妈妈心？

老　师：（慢慢走上来）这个呀，是老师的奶奶给老师做的妈妈心，虽然老师没有妈妈，但是一样有像妈妈一样的家人在爱护着老师呢！来，孩子们，我们一起挂上我们的妈妈心吧！

（孩子们一个个把妈妈心挂好）

小苹果：哇！树上挂满了我们的妈妈心呢！

阿志&小宇&小凡&豆豆：这棵树就变成了一棵妈妈树啦！我们好幸福！（老师拥抱孩子们）

小马过河

（创作及表演班级：三年级10班）

场景1：马厩里住着一匹老马和一匹小马

老　马：（对小马说）你已经长大了，能帮妈妈做点事吗？

小　马：（连蹦带跳地）怎么不能？我很愿意帮您做事。

老　马：（高兴地）那好哇，你把这半口袋麦子驮到磨坊去吧。

场景2：小河边

（一条小河拦住了小马的去路，小马向四周望望，看见一头老牛在河边吃草）

小　马：（嗒嗒嗒跑过去）牛伯伯，请您告诉我，这条河，我能蹚过去吗？

老　牛：水很浅，刚没小腿，能蹚过去。

（小马听了老牛的话，立刻跑到河边，准备蹚过去。突然，从树上跳下一只松鼠）

松　鼠：（拦住他大叫）小马，别过河，别过河，河水会淹死你的！

小　马：（吃惊地）水很深吗？

松　鼠：（认真地）深得很呢！昨天，我的一个伙伴就是掉进这条河里淹死的！

（小马连忙收住脚步，不知道怎么办才好）

小　马：（叹了口气）唉！还是回家问问妈妈吧！

（小马甩甩尾巴，跑回家去）

场景3：马厩

老　马：怎么回来啦？

小　马：（难为情地）一条河挡住了，我……我过不去。

老　马：那条河不是很浅吗？

小　马：是啊！牛伯伯也这么说。可是松鼠说河水很深，还淹死过他的伙伴呢！

老　马：那么河水到底是深还是浅？你仔细想过他们的话吗？

小　马：（低下了头）没……没想过。

老　马：（亲切地）孩子，光听别人说，自己不动脑筋，不去试试，是不行的。河水是深是浅，你去试一试就会明白了。

场景4：小河边

（小马跑到河边，刚刚抬起前蹄准备过河）

松　鼠：（又大叫起来）怎么，你不要命啦！

小　马：让我试试吧。

（他下了河，小心地蹚了过去。原来河水既不像老牛说的那样浅，也不像松鼠说的那样深）

小红帽

（创作及表演班级：三年级 12 班）

背景布置：

利用 PPT 作为背景布置

道具服装准备：

1. 大灰狼、小红帽、小红帽妈妈、外婆、猎人的服饰
2. 猎人的枪、小红帽的篮子

旁　白： 从前，有一个可爱的小姑娘，谁见了都喜欢她。尤其是她的外婆，特别疼爱她，送给她一顶红色的天鹅绒小帽。小姑娘很喜欢这顶帽子，天天都戴在头上，时间长了，大家就叫她"小红帽"。一天，小红帽的妈妈对她说。

妈　妈： 小红帽，外婆生病了，身体很虚弱，你去给外婆送些蛋糕和葡萄酒，她吃了之后会好一些。记得一定要走大路，不要乱跑，到了外婆家要向外婆问好。记住了吗？

小红帽： 记住了，妈妈。我会很小心的。

旁　白： 小红帽说完，就带着东西出发了。小红帽一路蹦蹦跳跳地走进树林。这时，一只大灰狼从树边跳了出来挡住了她的去路。小红帽不知道狼是坏家伙，所以她一点儿都不害怕。

大灰狼： 你好啊，小红帽。你这是要去哪里啊？

小红帽： 哦，我要去看外婆。

大灰狼： 啊！那你外婆住在哪里呀？

旁　白： 小红帽指着前方说。

小红帽： 穿过树林还有一段路就到了。外婆家有三棵大橡树，院子用篱笆围着。

旁　白： 大灰狼心里盘算着：这个小家伙，味道一定比外婆鲜美，得想个办法把

这一老一小都吃了。于是大灰狼说。

大灰狼：小红帽，时间还早呢，你看这路边开满了美丽的花儿，多漂亮啊，不如先玩一会再去外婆家吧！

旁　白：小红帽听大灰狼这样一说，向四周看了看，真是太美了，于是，她离开了大路，向小路走去。看见小红帽走远了，大灰狼就飞快地跑向她外婆家。大灰狼闯进屋内，冲到外婆床前，二话不说，一口就把外婆吞到肚子里。接着，它换上外婆的睡衣，戴上她的帽子，躺在她的床上。过了很久，小红帽才想起外婆，她急忙往外婆家走去。到了外婆家门口，看见门敞开着，小红帽很奇怪。

小红帽：外婆，早上好！

旁　白：小红帽走进屋小声地叫道，可是没人回答。她走到窗前把帘子拉开，看见"外婆"躺在那儿，帽子戴得很低，把脸都遮住了，样子非常奇怪。

小红帽：咦？外婆，您的耳朵为什么这样大呀？

大灰狼：这样就能听清楚你说话啦！

小红帽：外婆，您的眼睛怎么也这样大了呢？

大灰狼：这样我就能看见你来了！

小红帽：外婆，您的手怎么也这样大了呢？

大灰狼：手大，这样就能抱住你啊！

小红帽：外婆，您的嘴巴大得好吓人呀！

大灰狼：这样我就可以一口把你吞掉！

旁　白：说完，大灰狼就从床上跳起来，一口把小红帽吞进了肚子里。吃饱了的大灰狼又躺回床上，它很快就睡着了，还发出了响亮的鼾声。这时，住在附近的猎人刚好经过，听到鼾声，觉得很奇怪：老太太怎么会打出这么响亮的鼾声？猎人走进屋子，看见一只狼居然躺在老太太的床上！

猎　人：你这个坏家伙，我找你找了很久了！

旁　白：他正要瞄准开枪，又一想：狼可能把外婆吞了，也许她还活着呢。于是，猎人放下枪，拿起一把剪刀，把沉睡的大灰狼的肚皮剪开。他刚剪了几刀，小红帽就从狼的肚子里跳了出来，喊道。

小红帽：哎呀，真把我吓坏了！狼肚子里好黑呀！

旁　白：紧接着，外婆也费了好大的力气爬出来，还一直不停地咳嗽着。猎人正准备朝狼开枪，却被小红帽制止住了，她搬来几块大石头，缝进狼的肚子里。大灰狼醒来后，一看见猎人就想要逃跑，可是它觉得肚子太重了，刚走几步就倒在地上死了。大家高兴极了，猎人剥下狼皮回家了。外婆吃了蛋糕，喝了葡萄酒，身体果然好多了。小红帽心想：以后一定要听妈妈的话，再不离开大路到处乱跑了。

狼和小羊

（创作及表演班级：三年级 13 班）

场　景：狼来到小溪边，看见小羊正在那儿喝水

（狼非常想吃小羊，就故意找碴儿）

狼：你把我喝的水弄脏了！你安的什么心？

小　羊：（吃了一惊，温和地回答）我怎么会把您喝的水弄脏呢？您站在上游，水是从您那儿流到我这儿来的，不是从我这儿流到您那儿去的。

狼：（气冲冲地）就算这样吧，你总是个坏家伙！我听说，去年你在背地里说我的坏话！

小　羊：（可怜地喊道）啊，亲爱的狼先生，那是不会有的事，去年我还没有生下来呐！

（狼不想再争辩了，龇着牙，逼近小羊）

狼：（大声嚷道）你这个小坏蛋！说我坏话的不是你就是你爸爸，反正都一样。

（说着就往小羊身上扑去）

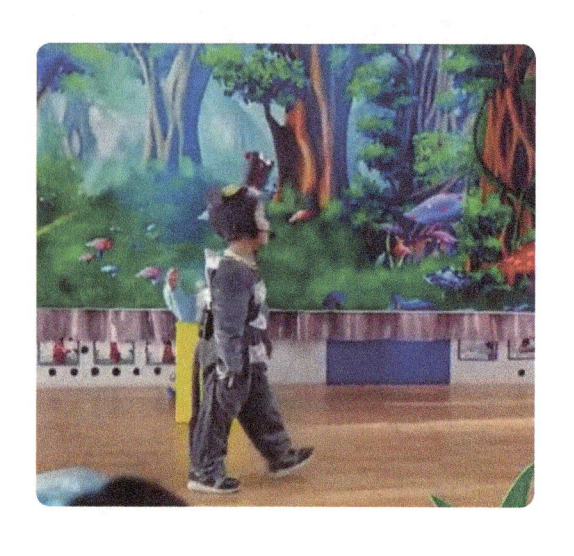

小猪变形记

（创作及表演班级：三年级14班）

小　　猪：（垂头丧气地慢慢走，叹气……）我是一只聪明调皮的小猪，可是最近比较烦！烦烦烦（跺脚）唉！总该找点好玩的事情吧？我还是出去走走吧！

【背景音乐】

长颈鹿：长颈鹿真有趣，脖子长得像云梯，用力一伸伸到蓝天白云里，看见几人跑第一！

小　　猪：长颈鹿，你好！

长颈鹿：小猪你好！

小　　猪：哇……！好长的脖子呀！我敢说做长颈鹿，一定很好玩！哈哈！我想到了一个好主意！

（咚咚咚跑回家，做了一对高跷！然后咚咚咚跑出来）

【背景音乐】

斑　　马：黑白衣服我最帅，我们是斑马！

小　　猪：你好！斑马！

斑　　马：小猪，你好！

小　　猪：哦哦！不是不是！我是一只了不起的长颈鹿，我长得高，我可以看到很远的地方！

斑　　马：你不是长颈鹿，你是一只踩着高跷摇摇晃晃的小猪，你最好小心点！可别摔跤了！

小　　猪：哼，我才不信呢！（没走多远，小猪就摔了个大跟头）

小　　猪：哦，天啦，看来长颈鹿的生活不适合我，我要去找更好玩的！咦！我想

159

到了一个好主意!

(它找来颜料,给自己画了件奇妙的新外套。然后,又来散步了)

【背景音乐】

大　象：鼻子长长,我最帅,我们是大象!

大　象：小猪,你好!

小　猪：我是一只了不起的斑马,你们看,我身上有斑马纹!

大　象：你不是斑马,你是一只身上画着斑马纹的小猪。（大象马上喷水）

小　猪：哎哟哎哟!别别别……别喷水呀!讨厌!当斑马一点都不好玩,当大象一定很有趣!

　　　　(小猪在自己的鼻子上绑上一根长长的塑料管,在两只耳朵上绑上两片大树叶,然后,跺跺脚又出门了)

【背景音乐】袋鼠妈妈

小　猪：我是一只了不起的大象,我有长鼻子,还有大耳朵!

袋　鼠：你不是大象，你是一只鼻子上装着塑料管的小猪！

　　　　（阿嚏！小猪打了个大喷嚏，把塑料管都给喷飞了）

小　猪：咦咦咦？我的鼻子呢？唉！当大象一点都不好玩，当袋鼠一定很有趣！

旁　白：小猪，在自己的脚上绑着两个大弹簧，然后一蹦一跳的，又来了！

【背景音乐】小猪佩奇

粉色小猪：哎呀，真好玩！真好玩！谁说当猪没有乐趣，我就是一只小猪，在泥潭里打滚觉得很好玩，快来，快来和我一起玩吧！

　　　　（两只小猪一起玩）

　　　　（音乐《小猪睡觉》小猪吃得饱饱，闭着眼睛睡觉，大耳朵再扇扇，小尾巴再摇摇，咕噜噜噜噜，咕噜噜噜噜。太棒了！原来做自己，当一只小猪是最开心的事情）

　　　　小朋友们，我们不要羡慕别人！做自己最快乐！

小红帽

（创作及表演班级：四年级 4 班）

角　　色：小红帽（表演：陈琉卿）；大灰狼（表演：倪峥然）；妈妈＆奶奶（表演：倪妈）；猎人（表演：陈妈）

场景布置：树林、草地；奶奶家：房子、简易床

道　　具：篮子及葡萄酒瓶和面包；鲜花；猎枪

剧　　情：PPT 翻页

（小红帽上）

小红帽：Hi，大家好！（戴上小红帽）我喜欢戴小红帽，因此人人都叫我"小红帽"。瞧，我多好看！（转个圈）

（妈妈上）

妈　　妈：亲爱的！

小红帽：什么事？妈妈！

妈　　妈：你奶奶生病了，把这些蛋糕和葡萄酒给奶奶送去。吃了这些东西，她会好一些的。

小红帽：好啊！我现在就去看望她。

妈　　妈：路上小心！到了奶奶家，别忘了问好。

小红帽：我会小心的，再见，妈妈！

妈　　妈：再见。

（妈妈下，准备扮演奶奶）

（PPT 翻页）

（小红帽唱着歌走进树林）

点击小喇叭（狼上）

狼：你好，小红帽，你去哪里呀？

小红帽：我要去奶奶家，奶奶生病了。

狼：噢，真的吗？听到这件事，我感到很难过。顺便问一下，你奶奶家在哪里呀？

小红帽：她家就住在那边靠近林子的房子里，有一棵大树在她房子后面。

狼：（对着观众）天哪，我真是饿坏了。这个小姑娘的味道该有多美啊！（舔一下舌头，转动眼珠）我还想吃了她的奶奶，我一定能吃了她们俩！（偷笑）

狼：小红帽，现在天色还早，干吗你不摘一些漂亮的花带给奶奶？我敢肯定：这些花会使你奶奶很开心的。

小红帽：谢谢你，狼先生。

狼：不客气，再见，小红帽。（暗自得意地退下）

小红帽：这些花好漂亮啊！我摘一些带给奶奶，奶奶一定很高兴。（边采边走远）

（狼来到奶奶家）

（PPT翻页）

狼：就这儿了。（敲门）

奶　奶：谁呀？

狼：（捏着鼻子）是我，小红帽。奶奶，我给你带了蛋糕和葡萄酒，请开门吧。

奶　奶：门没锁，你进来吧，我亲爱的小红帽。

狼：哈哈！奶奶，你好吗？很高兴见到你！

奶　奶：（惊恐）你想干什么？

狼：奶奶，我饿死了，你就行行好，让我吃了吧！

奶　奶：滚开！如果你吃掉我，猎人会开枪杀了你的。哦，不……

点击小喇叭

（狼吞下奶奶，围上奶奶的头巾）

狼：从现在开始，我就是小红帽的奶奶了。小红帽，我好想你呀！（躺在床上）

（小红帽上）

小红帽：（敲门）奶奶，我是小红帽，我给你带来了蛋糕、葡萄酒和鲜花，快给我开门呀！

狼：噢，门没锁，我亲爱的小红帽快进来吧。

小红帽：奶奶，你的耳朵怎么变得这么大呀？

狼：这样才好听清你的声音啊，宝贝。

小红帽：可是，你的眼睛为什么也变大了呢？

狼：为了更仔细地看你呀，宝贝。

小红帽：奶奶，你的嘴大得吓人呀！

狼：这样才能一口把你吃掉！（从床上跳起来）

再点小喇叭

小红帽：啊！不！救命啊！救命。

狼：（吞下小红帽）我现在饱了，不如在这儿好好睡一觉。（大声打呼）

（猎人上）

猎　人：这个鼾声好奇怪哟。啊？原来是大灰狼！你这个坏东西，我到处找你，你却躲在这里。他的肚子这么大，奶奶一定还在里面，让我用剪刀把他的肚皮剪开。（剪开狼肚，小红帽先跳出来，接着拉出来奶奶）

小红帽：真把我吓坏了，狼肚子里黑漆漆的。

奶　奶：（对猎人）真是太感谢你了，我们下一步该怎么做呢？

猎　人：我有个主意，我们捡几块大石头装进狼肚子，然后把它的肚皮缝上。

　狼：（惊醒）噢，不！我下次再也不敢了。（逃跑）

　合：太棒了！

（全体演员谢幕）

黑熊换鸡蛋的故事

（创作及表演班级：四年级9班）

黑　　熊：换鸡蛋！大米换鸡蛋！（推着一辆独轮车，在森林里边走边喊）

狐狸大嫂：哟，是黑熊呀！（听见喊声，狐狸大嫂从路边的木房子里钻出来。她拦住独轮车，解开车上的米袋子，看了看）好米呀，怎么换？

黑　　熊：这袋子米要换一筐鸡蛋。（瓮声瓮气地回答）

狐狸大嫂：好吧，你等着，我去取蛋来。（狐狸大嫂说罢，又钻进了木房子）

黑　　熊：（站在路边，心里悄悄地提醒自己）黑熊呀黑熊，人们都说狐狸狡猾，爱撒谎，爱骗人，和她打交道，可得小心点……

（黑熊正这么想着呢，狐狸大嫂端着一筐蛋出来了。）

（黑熊一看，咦！这蛋怎么有大有小？大的比香瓜还大，小的比核桃还小）

狐狸大嫂：（没等黑熊开口，狐狸大嫂就说）这大蛋嘛，是大鸡下的；小蛋嘛，是小鸡下的，没啥奇怪。

黑　　熊：是没啥奇怪。（黑熊挺不好意思）不过……

狐狸大嫂：（狐狸大嫂瞪了黑熊一眼）不过什么？看样子你还是信不过我，是吧？你仔细看看，大嫂像骗子吗？

（黑熊仔细一看，可不，狐狸大嫂系着白围裙，穿着红花袄，脸上笑眯眯的，一点儿也不像骗子）

黑　　熊：好吧，换啦。

（黑熊把一袋大米扛进木房子，又把一筐鸡蛋装上了独轮车。回到家里，黑熊把蛋放在热炕上，他想孵一群小鸡，办个养鸡场）

（奇怪的事情发生了）

第一天，从蛋壳里钻出30只小乌龟。小乌龟离开黑熊家，顺着溪水游走了；

第四章 "演"——创作表演剧本

第二天，从蛋壳里钻出60条小青蛇，小青蛇刺溜刺溜游上山坡，钻进草丛不见了；

第三天，从蛋壳里钻出90条小鳄鱼，鳄鱼扑通扑通跳进湖里，再不露面了；

第四天，最大、也是最后的一个蛋裂开了，从蛋壳里蹦出一只小鸵鸟。

小鸵鸟：（对黑熊说）有空闲到沙漠去找我玩儿，再见！（说罢，迈开长腿跑了）

黑　熊：（望着满炕的空蛋壳，黑熊"扑哧"笑了，自言自语地）狐狸呀狐狸，真拿你没办法！

167

第五章
"评"——
影评、观·演评价

第1节　电影观后感

影评——提升学生能力的有效途径

每月一次的观影游戏课程是所有学生翘首以盼的，这些电影或温暖励志、或幽默风趣、或令人震撼与敬畏，都蕴含着丰富的教育意义，给人以启迪。因此，观影之后的影评可以营造积极向上的学校文化氛围，架起电影艺术与学生之间的桥梁，使学生各方面的能力得到有效的提升。

一、提升影视鉴赏水平

影评可以从人物形象、情节、场面等进行评析，也可以从影片的风格、背景、语言、配乐等畅谈自己的感悟，无论是哪个角度，都需要仔细深入地观察了解，这对于提升影视鉴赏的水平大有裨益。通过撰写影评，学生对于电影的认识不再只停留在浅层面，而是深刻体会到电影的艺术之美。

二、提升写作水平

影评也就是观后感，是在观看电影后将自己的感受和得到的启示写成的文章。影评写作需要一定的信息处理能力，它只有建立在准确把握电影的主要内容和细节的基础之上，才能更好地表达自己的观点，抒发自己的感慨。它是记叙、描写、议论、抒情能力的综合运用，表达形式可谓多样化，因此学生的写作能力得到了很好的锻炼。

三、提升理解感悟能力

撰写影评需要对电影的剧情和人物反复回味思考，用心再度感受电影的精神内涵，把握影片中最扣人心弦的地方，畅谈自己的收获或表达出自己独到的见解，在这一过程中，学生加深了对电影内容的认识和理解，感悟能力也得到了大大的提升。

写影评对于学生多方面能力的提升具有极高的价值，学生如果能够养成观看电影之后撰写影评的习惯，将会越来越具有欣赏力和思考力！

三年级

《绿野仙踪》观后感

三（1）班　高雅欣

"努力，坚持，永不放弃！"这句话是真的没错，观看了《绿野仙踪》这部电影，我更加明白了当你处境危险时，害怕退缩并不是办法，勇敢、努力、坚持不懈才是战胜困难的好办法。

这部电影讲述了一个既聪明又漂亮的小女孩桃乐丝被龙卷风打破了平静的生活，刮到一个陌生又神奇的国度——孟曲金国。在这神奇的国度里她碰到一位善良的女巫，好女巫告诉她只要沿着黄色的道路去往翡翠国，翡翠国的魔法师会帮助她回到家乡堪萨斯。桃乐丝沿着黄色的道路向翡翠国走去。中途，她结识了想得到脑袋的稻草人、希望得到一颗心的铁皮锡人和一头想拥有勇气的狮子。

他们经历了各种磨难来到了翡翠国，翡翠国的魔法师却让他们完成一个似乎办不到的事——拿到西方恶女巫的扫把。与其说是一个任务，还不如说是一场生死搏斗般的历险。在这场"历险"中，他们凭借机智、勇气拿到了西方恶女巫的扫把，并交给了魔法师，却发现魔法师其实是一个杂技演员。但魔法师用自己的智慧满足了他们的愿望。

这部电影让我联想到了这场突如其来的新冠肺炎疫情，让这个新年变得格外压抑。但我们没有因为这场疫情而害怕退缩，中华民族上下万众一心、众志成城、团结在一起抗击疫情。我相信困难只是暂时的，风雨终会过去，胜利终将属于我们。

这部电影使我懂得了团结的重要性，只要坚持不懈，勇敢面对和克服困难，明天将会更加美好。

《夏洛的网》观后感

三（2）班　马雨轩

　　看一场好电影，就好比读一本好书，动情时你会感动、高兴，会浮想联翩、感慨万千，电影《夏洛的网》将我带进一个充满友爱和诚信的童话王国，让我看到了世间最宝贵的友谊。

　　电影讲述的是小女孩儿弗恩从爸爸的斧头下救下了体弱多病的小猪，帮它取名威尔伯，并亲自喂养。随着小猪渐渐长大，不能在家里继续喂养了，弗恩只好把威尔伯送到隔壁舅舅的农场里继续饲养。威尔伯天真烂漫，很快就和农场里的动物成了好朋友。威尔伯从老鼠坦普尔顿口中得知，春天出生的小猪，圣诞节前会被杀掉做成火腿。威尔伯的好朋友夏洛承诺，会让威尔伯看到冬天的雪，在坦普尔顿的帮助下，夏洛织出了各种各样神奇的字来形容威尔伯，引来了人们争相观看，威尔伯最终出名了，看到了冬天的雪，但是夏洛却耗尽了一生的精力……

　　看完这部电影，我泪流满面，被夏洛和威尔伯之间纯真友谊所感动。在我们的生活里，朋友之间要相互理解、信任和关爱。这不禁让我想到了春秋时期的一个典故：管鲍之交。在管仲需要帮助的时候，鲍叔牙毫不犹豫地拉他一把；在别人误解管仲的时候，鲍叔牙愿意帮他解释清楚；在举荐宰相的时候，鲍叔牙毫无保留地举荐管仲，他们之间的友情没有掺杂一点私心。

　　友谊是人生中一笔宝贵的财富，如果我们没有朋友，没有友谊，将是多么的孤独啊。我很羡慕威尔伯，它的一生是那么的幸福，因为它有一个成天陪伴它，并且为了救它而牺牲自己生命的朋友，威尔伯注定不会孤单。

　　在困难面前，个人的力量是十分渺小的，真正的朋友会给你温暖、帮助和力量。我们每个人都要珍惜友谊，学会与朋友互相关爱，互相帮助，友谊不是简单的 1+1=2，而是 1+1= 无穷的力量。

《超能陆战队》影评

三（4）班 张文萱

这是一部感人至深又充满温情的科幻动作电影。很多人在童年时代都梦想具有神奇能力，有一番惊天动地的壮举，而小宏却将这一梦想变成现实。

影片中小宏对哥哥那浓浓的亲情令人感动。小宏是一个热爱发明，善于探索与创造的天才少年，他发明了微型磁力机器人，在哥哥泰迪的鼓励下参加了卡拉汉教授的机器人专业大赛。谁料想一场突如其来的大火夺走了奋勇救人的哥哥。他悲痛万分，萎靡不振，梦想也几乎毁于一旦。此时哥哥发明的机器人大白出现了。它外表呆萌可爱，但内心细腻，当它俯下笨拙的身体轻轻拥抱悲痛欲绝的小宏时，无人不为之动容。逐渐地，大白就是哥哥的化身，在他们寻找微型机器人时，一场正义与邪恶的战斗打响了。

谁也不会料到，哥哥为之付出生命的卡拉汉教授在微型机器人的保护下竟然还活着，他为了替失踪的女儿复仇，批量生产小宏的机器人。在经历一次又一次惊心动魄的冒险后，大白在小宏的指导下掌握拳击、飞行等各项技能。虽然频繁遭受卡拉汉的攻击，憨厚的大白永远义无反顾地守护着他。最终，坚韧无比的团队力量战胜了邪恶，而大白却为了拯救小宏和艾比盖尔而不幸被一块巨石击中。

整部电影充满了高技术含量的特效，使战斗场面更加惊险刺激，给影片增加逼真而又令人惊叹的视觉效果。世界上唯一比给予生命更美好的就是让生命充满爱。所以，整部电影展示了浓浓的亲情，感人至深的友情，坚韧无比的团队力量以及正义必将战胜邪恶的正能量。此外，又蕴含了一些生活方面的教育理念于其中，如饭前要洗手、系好安全带等，给小朋友们带来了积极的影响。《超能陆战队》是一部有助于儿童成长的好电影，值得观看。

《超能陆战队》观后感

三（4）班 陈彦耿

超能陆战队，我原以为它纯粹是一部和乐高幻影忍者一样的武打片，直到看完，才羞愧于我的无知——它更是一部关于爱、亲情、友情的动画电影。

电影讲述了这样一个故事：热爱发明创造的天才少年滨田宏，在哥哥泰迪的鼓励下凭借自己设计的微型磁力机器人赢得罗伯特·卡拉汉教授的好评，并因此拿到了大学录取通知书。可谁知突如其来的一场大火不但烧毁了展示会场，而且夺去了为救出卡拉汉教授而不顾一切奔赴火场的哥哥的生命。身心饱受创伤的小宏闭门不出，哥哥生前留下的治疗型机器人大白则成为安慰他的唯一伙伴。原以为微型机器人也毁于一旦，可小宏和大白竟意外地识破了一个惊天动地的阴谋。于是，由小宏、大白、哥哥的朋友们弗雷德等人所组成的"超能陆战队"与怀有险恶阴谋的神秘对手展开较量，经过激烈的搏斗，最终他们战胜了对手。说实话，大白牺牲的时候，我心如刀绞，但看到小宏用火箭拳里的芯片重新制造出一个大白后，我如释重负地笑了。是的，过程很悲惨，但结局却很温暖。

电影中使我潸然泪下的是大白对小宏那像哥哥一样的爱。小宏有幸拥有了在他遭遇危险时能够第一时间赶到保护他、在他遇到难题时绞尽脑汁帮他出主意、在他寒冷时拥他入怀、在他冒险时成为他坚强后盾的哥哥的爱，这样的亲情真是令人羡慕不已！我有一个妹妹，在今后的生活中，我会身体力行，将这样的亲情也赋予我的妹妹，使我们之间的兄妹情谊羡煞他人！

影片中的队员，是正义的化身，他们面临困境时不离不弃的友情和与邪恶搏斗时表现出来的临危不惧的精神，让我明白了一个亘古不变的道理："正义必将战胜邪恶。"正如我的名字"耿"一样，是正直的意思，如果有机会，我愿化作一股正义的力量去保护我的家人、学校、城市乃至国家！为国家的发展、社会的进步贡献出自己微薄却坚毅的力量！

善良与贪婪——《功夫熊猫3》影评

三（5）班　徐可欣

克劳德兰纳斯曾说过一句话：贪婪者，一贫如洗。在电影《功夫熊猫3》中，天煞便是如此。

天煞和乌龟，曾是最要好的朋友，因为一次争斗，乌龟大仙受了重伤。天煞听说熊猫村的熊猫们能用神奇的气功让枯萎的鲜花盛开，能让奄奄一息的病人瞬间祛除病痛精神百倍。于是天煞不嫌苦不怕累地背着乌龟大仙，火急火燎地赶往熊猫村，祈求熊猫们能够让乌龟大仙恢复健康。

如天煞所想，熊猫们治好了乌龟大仙，同时将神奇的气功也传授给了乌龟大仙。天煞亲眼看见了一切，心有不甘，也想拥有神奇的气功。天煞的野心战胜了善良，变得贪婪起来，并且不再顾及他与乌龟大仙的友谊，与乌龟大仙展开了搏斗，抢夺气功。

天煞对乌龟大仙恨之入骨：自己帮了他，反倒让他占了便宜。天煞从灵间到凡间后，开始毫不留情地用他的一双大斧子，毁坏田地、宫廷、建筑物、雕塑……

此刻的天煞不仅贪婪而且可恶，神奇的气功没得到，反倒失去了与乌龟大仙的友情，失去了重返灵间的机会，还失去了他善良的本性，可怜的天煞如今一无所有。

宝藏男孩——阿宝

三（5）班 戴熙宸

熊猫大侠阿宝，锄强扶弱，别看他胖胖的，身手好得不得了，打败了好多的坏蛋！哇，真希望自己也能变成熊猫大侠这样啊！

咦，画风怎么有点不对劲？原来刚才那些都是阿宝的梦，此时的他一个翻身，正躺在地板上呢！就连下楼时，都是从楼梯上滚下去的。这鲜明的对比让我笑得前俯后仰。

这哪里是"功夫熊猫"，明明就是一只笨头笨脑又胖乎乎的憨憨熊猫嘛！

随着剧情的发展，我渐渐地发现，阿宝看似有些没心没肺，却总是能给人带来惊喜，就像一个总也挖不完的宝藏一样。

虽然阿宝什么也不会，面做得不好，也没有功夫，但是他却有一颗善良的心。

当他因为意外，乘着火球从天而降，成为大家口中的"神龙大侠"时，他觉得，一定有人比自己更能胜任这个称号。你看！虽然他很希望能成为梦中的自己，但却是那么的谦逊。

他很胖，却从来没有讨厌过自己。即便没有灵活的身手，即便被人伤了心，即便练功的时候被折腾得很惨，他也只是把这些当成对自己的鼓励，鞭策着自己一路向前。所以，当他成了"神龙大侠"以后，也可以从零开始，一点一点地练习，哪怕就是练习抢包子，他也没有抱怨。他始终觉得，只要开始就一定可以。你看！无论在什么情况下，他都可以这么的乐观，这样的品质多么的不易啊！

最后，阿宝打败了大龙，变成了名副其实的"功夫熊猫"，可是他自己内心知道，自己还不是真正意义上的武林高手，他离梦中的自己还是有差距的，但是他坚信：功夫不负有心人，只要有付出，就一定会有回报的。你看！虽然他已经成功了，但还是觉得自己可以更进一步！我们平时的生活中，不也需要这样态度吗？

阿宝，就是这样一个珍贵的宝藏。不信，你可以自己去看看《功夫熊猫3》，说不定比我更有收获哦！

《功夫熊猫3》观后感

三(5)班 姚奕涵

寒假里,我们全家一起看了《功夫熊猫3》这部电影。

电影的主角是熊猫阿宝,他有一个皮球似的脑袋,肥嘟嘟的肚子,戴着一顶斗笠,披着一件金灿灿的披风。

熊猫阿宝和失散已久的爸爸相遇了,爸爸带着阿宝来到不为人知的熊猫村学习气功。村里有很多熊猫,有总是黏着人的,有美貌如花的,也有调皮可爱的,但是他们并不会气功。就在他们开开心心的时候,娇虎传来信息:天煞收走了很多大师的气。爸爸说:"除非你有一支自己的团队!"大家一起苦练,当天煞来时,大家轻易就打败了他的翡尸军队……最后,阿宝变成了一条龙,彻彻底底打败了天煞,取得了极其优秀的战绩。

看完整部电影,我脑海中印象最深的是阿宝的气快要被天煞收走的时候,热衷享乐、笨手笨脚的熊猫村民在爸爸的带领下,齐心协力,一起尝试使用气功帮助阿宝。万万没想到,他们竟然成功了。阿宝打败了天煞,让天煞回到了灵界,乌龟也把他的神杖传给了阿宝。

二人同心,其利断金。原来有些事情只靠一己之力是完成不了的,就像这次的新冠肺炎疫情,不仅靠一线医生的治疗,更重要的是靠全中国人民齐心协力,共克时艰,相信我们一定会打赢这场没有硝烟的阻击战。

《千与千寻》观后感

三（6）班 王洪诗琪

在这个新冠病毒横行的寒假，人们足不出户，全国人民上下一心配合国家全力打赢这场没有硝烟的战争，而我的爸爸妈妈也难得有时间抽出空闲陪我重温了宫崎骏大师的经典动画——《千与千寻》。

影片讲述的是主人公千寻一家误入神隐世界，她的父母因偷吃供奉给神灵的食物被汤婆婆变成猪后，千寻在白龙、锅炉爷爷等人的帮助下，通过自己在汤屋的努力工作不仅解救出父母，还帮白龙找回记忆及真名的故事。在影片中，我看到了许多……

在影片的开头，千寻和她的父母去新家时，她的父母在乎的是乡下的偏僻和买东西不方便，丝毫没有关心与同学分别而情绪低落的千寻。进入集镇后，在令人眼花缭乱的美食面前，只顾自己大快朵颐……看到这里，我觉得父母应该多顾及孩子的感受与自己的子女交流和沟通，能站在孩子的角度考虑问题，而不是一味地觉得大人掌控一切是理所当然，孩子说出的话却从不放在心上，他们觉得有钱就能决定一切，全然忘记了自己平时是如何教育子女的。此时此刻，父母的贪婪和千寻的单纯形成了鲜明的对比，父母被变成了好吃懒做的肥猪，千寻却在片中成为父母的救星。

在汤屋工作的日子里千寻被百般刁难，特别是汤婆婆派千寻去给"腐烂神"洗澡的一幕令我印象深刻。腐烂神所到之处，污水横流臭气熏天，所有人都对"腐烂神"嗤之以鼻、四散躲开，只有千寻不顾一切地帮他洗澡，而且还帮他清理出身体里各种各样的人类生活垃圾。洗完澡之后，"腐烂神"变回到原来那个受人尊敬的"河神"，而千寻也得到了河神的馈赠——一粒小药丸。这里宫崎骏大师还不忘提醒我们要保护环境，不能随便乱丢垃圾，同时也在告诫我们，不能以貌取人，尊重别人，全力以赴，必然会赢得别人的尊重。

　　随着故事情节的推进，主人公千寻在困难和挫折中不断成长，由原来那个胆小怯懦的小女孩逐渐变得坚强而独立，而千寻的单纯和善良更是贯穿始终。她先是用河神给的半颗药丸拯救了被周围环境带坏的无脸男，又用另外半颗救活了一直帮助她的白龙，并且还帮助白龙找回了自己的名字。汤屋的所有人都被千寻的善良所感染，连一直以来令人厌恶的汤婆婆也露出了她善良的一面，在影片的最后千寻救出自己的父母自然顺理成章。

　　故事的结局是美好的，美好的结局总离不开过程的艰辛，困难又总是无处不在的，当你遇到困难时，坚守初心、坚定信心，或许成功就在眼前。

寻找自由、勇敢的自我——《爱丽丝梦游仙境》观后感

三（8）班 常陈悠

就在最近，我看了一部电影——《爱丽丝梦游仙境》。

影片开头，一个可爱的小女孩——爱丽丝出现在我眼前，她对爸爸说自己最近反反复复做着同样的梦，她质疑自己是不是疯了，爸爸坚定地对她说："是的，你是疯了，但我听说很棒的人都有点疯。"我看到这儿不禁感叹他也许是世界上最伟大的爸爸。我也坚信有这样的爸爸会影响爱丽丝的一生。

眨眼间，很多年过去了，爱丽丝已经是个美丽动人的大姑娘了。一天爱丽丝被妈妈带到一个宴会上，男孩米什突然向她求婚，后来才发现除了她自己，其他人都知道这是男孩米什为向她求婚而准备的惊喜。所有人都认为米什很优秀，嫁给他应该是爱丽丝最好的归宿。就在爱丽丝手足无措时，她惊奇地发现有一只戴着怀表、穿着背心的兔子，她匆匆忙忙地追了上去，于是一场奇幻的冒险之旅就从这里开始了……

神奇的地下世界里有美轮美奂的城堡、"活字典"、会说话的动物们、疯帽子、恶毒的红皇后、红心士兵……在这个世界里，她时而变大，时而变小，遇到了一群稀奇古怪的人和动物……影片中那些为保护爱丽丝甘愿牺牲和受罚的小人物也特别让人感动，每个人都那么勇敢，只为心中那个祥和、美丽的世界。

爱丽丝身上有许多值得我们学习的品质，坚强、勇敢、正义、能明辨是非，选择善良对抗邪恶。在白皇后无助的时候，是她自愿当白皇后的勇士，拿起万神剑勇敢杀敌，击败红皇后夺回城堡。梦醒了，爱丽丝又回到宴会上了，回到那个每个人都认为很优秀的男孩米什面前，她突然坚定地拒绝了他，因为内心告诉她，他并不是自己爱的那个人。是的，每个人都是在各种各样的经历中不断成长的，爱丽丝从开始的逃避，到后来勇敢面对，战胜恶魔，顺从内心，追求自由，这些都深深感动着我。

每一个人都有属于自己独特的梦，而爱丽丝的梦却意外拯救了另一个世界。只要心中有个美丽的梦，我们"疯一点"又何妨！

《怪物史莱克》观后感

三（9）班 周高妍

我觉得《怪物史莱克》是一部很有意思的动画电影。跟其他动画电影不一样的是，它讲述的是一个怪物的爱情故事。

电影中的主人公是一个名字叫"史莱克"的怪物。他的皮肤是绿色的，身形胖胖的，脸大得像一个发酵的馒头，耳朵长长的像一对小喇叭，嘴巴大得像水瓢。因为他丑陋的外表，人们把他当成一个可怕的怪物，经常有人来捕杀它。为了避免别人的骚扰，他独自一个人住在遥远的大沼泽地里。可还是有人在夜里，举着火把，拿着草叉去攻击他。他用舌头舔了一下大拇指，轻轻一捏，一个火把就灭了。他那大嘴一吼，所有的火把都灭了。这些人根本就不是史莱克的对手，但是史莱克却并没有伤害他们，而是故意摆出恐怖的样子吓跑了他们。看到这里，我觉得史莱克很搞笑又很可爱，虽然外表丑陋，但其实内心是善良的。

有一天，从童话王国里逃出来的动物们来到了史莱克居住的沼泽地里，打破了史莱克清净悠闲的生活，他想赶走这些动物，就跟一头会说话的驴去找国王。国王让史莱克去救被火龙看守的公主"菲奥娜"，救出公主，才会归还沼泽地。史莱克勇敢地救出了公主，回归的途中，公主和史莱克互相有了感情。然而公主自身被诅咒，白天有着美丽的外貌，晚上却变成怪物。两个人都因为自身的外貌原因，一直不敢表白，但最后真爱还是战胜了外貌，公主和史莱克最终在一起了。

影片中夸张的动作、搞笑的情节、幽默的语言和惊险的片段深深地吸引了我。史莱克本来是一个孤独甚至于有点自闭的怪物，但他却拥有善良的心和勇敢无畏的精神！最终他获得了真挚的友谊和美好的爱情！

从此我明白了，真爱跟外貌无关，如果你拥有美好的心灵，那么友谊和爱情就会离你不远，幸运也会眷顾你。

因爱而成长——《海底总动员》观后感

三（11）班 丁永慧

《海底总动员》讲述小丑鱼马林和他的妻子生了三百多个卵，但在一次鲨鱼的袭击中，妻子死亡，三百多个卵只剩下了一个。从此，马林留下了恐惧的阴影。对唯一幸存的儿子尼莫是呵护备至，生怕出半点差池。不过事与愿违，叛逆心重的儿子终于不堪忍受父亲全方位的保护，跟父亲赌气，游出了他们所居住的珊瑚礁，一艘渔船毫不留情地将尼莫捕走，并将他卖到澳洲悉尼湾内的一家牙医诊所。

痛失爱子的马林虽然胆小怕事，但是为了救自己的孩子，不得不克服害怕大海的心理阴影，不惜冒着生命危险，踏上拯救儿子的艰难旅程。途中遇到了有健忘症但热心的多莉，他们智斗鲨鱼，勇闯水母阵，和一只名叫龟龟的海龟，一起度过艰难险阻，来到了悉尼。尼莫也在鱼缸中其他鱼类朋友的帮助下逃回了大海，最终父子团聚。

此时，马林成长为一个真正的英雄，也让我们感受到父爱的伟大。片尾马林放心让儿子去闯荡探索，虽然依依不舍，却最终给予了儿子足够的期望，这不是浓浓的父爱的表现吗？

看了这部电影，我懂得面对困难，不要退缩，有爱，就能成长。我想起在做家庭作业时，其中有我不会的题，可我没放弃，而是反复思考检验，最终做出来了，因为我心中有对学习的一份热爱。

妈妈说，人生也是这样。不要因为风雨而诅咒生活，不要因为摔倒而不敢奔跑，不要因为迷路而感到恐慌。人生不可能都是一帆风顺的，只要心中有爱，困难一定会被打败的。

《料理鼠王》观后感

三（12）班 肖一诺

今天，我看了一部电影，名叫《料理鼠王》。电影主要讲了一只名叫小米的小老鼠追逐自己梦想的故事。

影片里小米跟它的家人、同伴生活得十分艰难，每天东躲西藏。但是小米有一颗"厨师心"，即使环境艰苦，它坚持学习，利用有限的资源练习烹饪。后来，在一次逃跑过程中小米和家人走散了，它顺着下水道来到了巴黎的厨神餐厅，在那里认识了一位刚来的"厨师"，并成为搭档。有一次，小米和它的家人在厨神餐厅的后院里重逢了，它们都很开心，但小米一心想回到它的人类朋友身边，可小米的爸爸却再三告诫它："人类很危险，老鼠和人类不可能成为朋友。"它还带着小米去看人们制造出来的新型老鼠药以及那些死去后被人们用铁链挂在店里的同胞。可是这没有能动摇小米的决心，它还是回到了厨神餐厅，继续做美味的食物。从这里可以看出小米非常想成为一名厨师，也可以看出小米有着永不放弃自己梦想的精神。

我很喜欢小米的性格：活泼、开朗，喜欢尝试新鲜事物。它始终坚信厨神的名言"人人皆可烹饪"，用厨神的话勉励自己，要求自己："你必须胆大心细，富有想象力，不怕失败，勇于尝试，也不要因为出身低，就让别人限制了你发展的机会，你的成败在于你的心。人人都能当厨师，不过只有勇敢的人，才能成功。"

小米对梦想有着永不放弃的精神，就算失败了好多次，它也一样坚持着不放弃。正因为有这样的信念，即使它只是一只小小的老鼠，面对再难的事，它还是成功了。影片对我的触动很大，我要向小米学习，坚持自己的梦想，并为之付出努力，我相信我也会成功的！

第五章 "评"——影评、观·演评价

手牵手，勇敢向前走——《马达加斯加》观后感

三（13）班 沈亦歆

寒假，一场突发的疫情让我不得不宅在家里。我也利用这段时间看了许多电影，其中给我印象最深刻的是《马达加斯加》。在我嘻嘻哈哈地乐个不停的时候，最让我感动的是狮子艾力克斯冒着危险为大家寻找水源的行为，这展现了艾力克斯和小伙伴们之间纯洁的友谊、团结互助的精神。

艾力克斯来到非洲大草原，这时大草原的河水干涸了。它挺身而出，走出大草原保护区，冒着危险和朋友马蒂一起去寻找水源。经过千辛万苦，它们终于找到了被人类用平坝挡住的水源。这时它的父亲来了，它的朋友企鹅也来了，大伙齐心协力把平坝撞倒了，大草原又有了清澈的河水，大家开心极了。

其实，在生活中我们也会碰到像狮子所面对的那样的困难，这时候我们不应该退缩、害怕，而应该像狮子一样面对草原缺水的困境勇敢走出保护区，挺身而出去寻找"水源"。记得有一次，我和朋友去爬崂山，爬到半山腰，我累得筋疲力尽，不想再走了，朋友劝说我要坚持到底。我看着朋友真诚和鼓励的眼神，心里下定决心，一定要克服眼前的困难爬到山顶。到了山顶，我看到了雄伟的瀑布和美丽的风情。如果我害怕困难半途而废，如果没有朋友的鼓励和帮助，我就不会看到这奇观了。

艾力克斯和小伙伴团结一心撞毁了拦住水流的平坝，解决了大草原面临的巨大危机，而艾力克斯一个人是无法完成这伟大任务的。现在武汉暴发的疫情非常严重，可是他们没有退缩，勇敢地和疾病作斗争。全国的很多医生也冒着生命危险，像狮子一样勇敢地走出"保护区"去帮助武汉共同对抗病毒。我相信我们一定会取得最后的胜利。

我一定要学习他们勇敢的精神，珍惜身边的朋友，和朋友手牵手，勇敢向前走。

搞笑的马达加斯加

三（13）班 唐胜楠

这是一部动画王国的奇遇记，也是一部老友记，让我们一起踏上奇遇之旅吧！

阳光招呼着它的大王、朋友——太阳、白云……回家，让月亮给天空涂上了一层深蓝的油漆。这时，长颈鹿在手舞足蹈大声欢呼，一定发生了什么大好事吧！原来今天是斑马的生日，就这样，一场热热闹闹的生日会，在这黑鹅绒般的夜空下举行。

"大典"一切顺利，只不过到了最后，斑马把愿望说了出来——"我想去野外。"狮子一惊，差点没从椅子上跌下来。这一尴尬的时刻，没收刚刚欢乐的心情，使人哈哈大笑。狮子在这个时刻留下了不好意思的脚印和无奈的那张脸。

这下斑马不高兴了，静静地坐在那儿，一旁的长颈鹿睡了，河马也看不下去，她跳入水中，打手势叫狮子去安慰斑马。这时的斑马神情低落，十个伙伴又走了七八个，这简直是给斑马的心情雪上加霜嘛！

狮子的安慰不成功，于是他又唱了首《纽约之歌》，这时斑马的心情才有所缓解，两人一起去休息了。

半夜，长颈鹿急火火地跑到狮子的屋子里，结结巴巴地说："刚才我……我去了斑马的屋子，可……可是我从来都不……不会这样子的……"长颈鹿这个模样，十有八九是出了什么事。所以，狮子连忙纠正道："说重点！""嗯，斑马它……它……它不见了！"狮子听后十分着急，叫上河马就往火车站奔。

到了火车站，上了火车，在站台上下车，终于找到斑马了，但是它却被捕了，被装进了伸手不见五指的箱子里，箱子又被装到了轮船上！真是一环套一环，像套娃一样！

这时，几只灵活的小企鹅，成功逃出了笼子，一路"损兵折将"地来到了船舱内。这一路真是太不容易了！

"扑通、扑通……"箱子掉下船，在大海上漂泊着。不一会儿，狮子和长颈鹿先漂到了岸边。我相信，他们见面后一定会欣喜若狂的！不一会儿，河马也漂来了，她身上有海星、螃蟹等东西，令人意外的是斑马竟然是踩着两条大鱼来迎接大家的！

狮子赶快奔向斑马，我以为久别后的朋友见了面，那叫个激动呀，可是就在他俩即将要抱到一起时，狮子立刻变了脸，他用充满杀气十分凶狠的眼神盯着斑马大叫："我要杀了你！"这是我认为最幽默的、能让人开怀大笑的一段，同时也体现了他们之间的友谊是多么深厚、坚不可摧！

河马扮演了和事佬的角色，安慰了双方后就陪着大家向森林走去。到了森林深处，发现朱利安国王正在举办舞会，这是多么快乐的事儿呀！可就在这时他们的敌人来了，紧张的气氛一下子抹去了刚刚欢乐的痕迹。就在这时狮子发现了敌人身上的蜘蛛，吓得大叫一声"啊"，敌人像遇到了大怒的张飞一样落荒而逃，滑稽至极！

朱利安国王发现了他们，就召开会议和狮子他们结为朋友，并举办了狂欢会。在狂欢会上狮子野性大发，所有人在他眼里都成了肉排，他追着斑马这个大肉排跑出了狂欢地。但是跑出一里地后狮子就清醒了，开始自责、自卑起来并说自己是怪物，看着狮子的后悔和自责，我也跟着心情低落了。

斑马那边呢，虽然他和河马、长颈鹿看到了轮船，但是他还是想着叫上狮子一起走。于是他立即返回去找狮子，找到狮子并再次为他演唱《纽约之歌》，安慰他。河马和长颈鹿在找他们的时候又被敌人包围了，是狮子和灵活的小企鹅救了他们。最后他们几个好朋友一起登上船，但却不知道要去哪里，长颈鹿说："去加拿大吧，因为那儿的药便宜。"大家听了都笑得前仰后合，而此刻的我已经躺在了沙发上！

金灿灿的阳光在调皮地跳着，一起经历了奇遇的老友们再次起航！

马达加斯加之旅

三（13）班 岳昀轩

大家好！我是你们的老朋友斑马马蒂。现在我正和我的小伙伴们一起在回纽约的轮船上。我的伙伴们是谁？当然是永远打不散的好兄弟狮子亚历克斯，和蔼理智的老大姐河马格洛丽亚，以及神经兮兮的小可爱长颈鹿梅尔曼。什么？你问我们怎么会在轮船上？这可就说来话长了！

原本我们在纽约中心动物园里过着养尊处优的生活，可是世界那么大，我想去看看。受到四个企鹅小老弟的激发，我终于在10岁生日那天晚上，逃出了动物园。这可把我的三个好朋友急疯了，它们只想把我找回去。结果阴差阳错，我们漂洋过海来到了马达加斯加，一个美丽自由又狂野的地方。

在这里，我们看到了最璀璨的星空，踏过最柔软的草地，遇到了爱唱歌跳舞的狐猴群，也被吃动物不眨眼的豺狼围困。我倒是觉得惊险又刺激，但是我的好兄弟亚历克斯就不那么好过了。它像个文明的人类一样，对这个美丽的大自然哪儿哪儿都不满意，抱怨没有洗澡水，海水太难喝，有它最害怕的蜘蛛，最重要的是，这里没有它最喜欢的牛排。这不，幸亏遇到了企鹅兄弟开来的船，让我们结束了这场冒险之旅。

多亏这趟旅行，让我看到了坚不可摧的友情可以战胜一切困难。我的好哥们儿亚历克斯在饿昏头的情况下，为了防止伤害到我们，居然把自己关在石洞中，在我们被豺狼围困的时候，它又挺身而出，救出了大家。友情的力量战胜了弱肉强食的自然法则。

我们现在正经历一场与病毒斗争的重大战役。希望人类早日结束这场战役，战胜病毒。目前与病毒斗争的战役还没有结束，希望小朋友们假期乖乖待在家，不要学我到处乱跑哦。如果太想我，就在家看我的《马达加斯加》之旅吧！

爱，温暖了寒冬——《龙猫》观后感

三（14）班 樊宥尧

当欢快的音乐声响起，一幅清新的田园风景画徐徐展开：瓦蓝的天空下，碧绿高大的树木茂盛地生长着，被分割成一块块的水田像是一面被打破的镜子。这时，一辆老式的汽车在田间小路上"轰轰"地驶过，两张灿烂的笑脸映入我的眼帘，那是小月和小梅。

她们快乐地奔向新家，清澈的溪流，古老的樟树，神奇的煤煤虫，就连破旧的木屋也是那么神秘。天真的小梅乐此不疲地在大自然的怀抱中奔跑，偶然间来到了龙猫身边。熟睡的龙猫可真是可爱，柔软的皮毛让人忍不住想要摸一摸。多么美好的童话世界！

可是，童话的世界也不只是欢乐。小月和小梅的妈妈长期生病住院，爸爸一边辛苦工作，一边来回奔波照顾妻子和孩子，姐妹俩每天盼望着妈妈回家。可就算这样，她们还是微笑着迎接每一天。姐姐小月早早地开始承担家庭的责任，照顾妹妹，帮爸爸分担家务；年幼的小梅鼓起勇气，独自出发寻找妈妈，想给妈妈送去一根玉米。一股股爱的暖流就这样缓缓流向我的心底，也感动着那只友好善良的龙猫。一辆龙猫巴士从天而降，载着小月和小梅到达七国山医院，她们惊喜地发现，妈妈的病情已经好转。是爱，让他们一家拥有战胜一切困难的勇气。

我的眼前不禁浮现出那一个个义无反顾逆行的身影，他们不正是这个冬天给我们带来希望的龙猫吗？我相信，爱的力量，一定能带领我们冲破阻碍，勇往直前！

四年级

《哪吒之魔童降世》观后感

四（1）班 何吕轩

看完《哪吒之魔童降世》之后，我非常感动，尤其是李靖夫妇对哪吒的爱，让我流下了温暖的泪水。

《哪吒之魔童降世》讲述了一个调皮捣蛋、性格暴躁的小男孩，成长为一个富有正义感的英雄的故事。故事的开头，阴暗的申公豹与龙王合谋使用阴谋诡计偷走了灵珠，阴差阳错导致魔童降世。虽然哪吒到处破坏，被百姓误解嫌弃，并且三年后有天雷浩劫，但李靖夫妇还是全力保护好自己的孩子。一次为了拯救一位小女孩，哪吒与敖丙一起制服了海夜叉，从此成为好朋友，最后哪吒与敖丙一块儿扛下了三年后的天雷，最终得到了百姓的谅解。

电影结束后，我没有立即起身离开，而是静静地坐在位置上，耳边响起哪吒的一句话："我是小妖怪，逍遥又自在，杀人不眨眼，吃人不放盐，一口七八个，肚子要撑破，茅房去拉屎，想起忘带纸。"多么无聊多么可笑的一句话，可又是多么可怜多么孤独的一句话。没有人理解他，也没有人知道他想成功的那种渴望。

哪吒始终没有放弃自己心中的理想，在百姓的歧视和小孩的辱骂下，他放弃了自己美好的童年，担负起本不应该由他这个岁数担负的责任，他把自己封闭在师父的画中潜心修炼，不停地接受师父的考验。

两年后，他终于学会了高超的本领并且超越了师父，身上的魔性也在渐渐消除；三年后，他用学会的本事，感化了敖丙，抗击了天雷，拯救了百姓。最终哪吒得到了友情、亲情和百姓的认可。

"我命由我不由天"响彻耳边，这句话让我懂得了一个道理：一个人成功之前，一定会经历很多挫折和失败，只有坚持不懈，才能成为你最想成为的那个人。

《烈火英雄》观后感

四（2）班 陈仕易

我怀着对消防员叔叔的崇高敬意看完了《烈火英雄》这部纪实影片。

火场上一幕幕感人至深的场面，消防员叔叔一个个动人的故事，他们那铿锵有力的话语常常在我耳边响起："为了祖国，我愿意献出自己的生命！"火场上战士们的吼叫声是对扑灭大火的信心，伤心时的泪水、胜利时的欢笑，时时浮现在我的眼前。

看！滨港市一家火锅店起火了，队长江立伟接到火警立刻带领战士们冲向火灾现场，他们奋不顾身救出了这家店里幸存的物品和一位小女孩，没想到二次爆炸导致一名年轻的战士牺牲。当他们沉浸在失去战友的悲痛之中时，听！新的战斗号角又已吹响。

滨港市石油储存罐泄漏，一场大灾难即将来临。泄漏出来的石油导致连环爆炸，滨港市全体消防救援人员出动，一起奔赴火场，市民们惊慌地向外逃窜，喊叫声一片……

在一片火警警报声中队长江立伟带着他的战士火速来到火场，虽然他刚刚和妻儿分开，可他此刻心中想到的不是小家，而是国家！他们从消防车上跳下来，奋力拉着长长的消防水管向大火扫射，此刻，他们把大火视为敌人、把水管视为最有力的武器，一个个英勇顽强、前赴后继……

正当灭火稍有进展时，远程供水枫林中队报告：远程供水器被水下垃圾和渔网缠绕。于是徐小斌下水清除，可完成时他的脚被网缠住，他的氧气逐渐耗尽，溺水而亡，又一位年轻的消防员叔叔为了扑灭这场大火离开了我们。

灭火到了最关键的时刻，部队领导说：要关掉输油管的阀门，到现在还有两个阀门没关上。于是中队长号召所有的干部党员组成攻坚组，派其中两人去关掉

阀门。这时江立伟和另外一名队员自告奋勇穿上防爆衣,踏进了滚烫的火场,两个人开始奋力旋转阀门,不一会儿手套就被滚烫的阀门转盘烫坏了。两人看着鲜血淋漓的双手,没有丝毫退缩,他们咬紧牙关上了第一个阀门。这时另一名战士已经不行了,江立伟独自在一片火海中摸爬滚打,肆无忌惮的火球把他打出去,让他重重摔在火海中。大火肆虐着,在一片大火包围中,江立伟终于关掉最后一个阀门,而他却永远倒下去了……

看完这部电影,我热泪盈眶,久久不能平静。消防员叔叔为了我们的幸福生活、为了国家安全把个人安危置之度外,他们多么伟大!在此也呼吁大家维护消防安全,消防靠大家,平安你我他!

珍藏美好——《玩具总动员》观后感

四（3）班 季凌薇

在成长的历程中，每个人都有许多的玩具，可是，你想过这些玩具也拥有生命吗？今天，在《玩具总动员》这部影片中，我就看到了一群会说话、有情感、有思想的玩具。

影片塑造了很多个性鲜明的玩具，它们在人类面前只是普普通通的玩具，可当人类走开时，它们就变得活跃起来。安迪是个17岁的阳光少年，即将开始大学生活，他准备将童年的玩具放到阁楼上，不承想，妈妈却把玩具当作废品扔到垃圾桶里。玩具们误解了安迪，于是愤然出走，来到了阳光幼儿园。它们本以为将回到昔日快乐的时光，却陷入了大熊的阴谋之中。后来，胡迪告诉它们：安迪并没有想抛弃它们，于是它们团结一心，突破重重困难，终于回到了安迪家。

影片中的胡迪和大熊给我留下了深刻的印象，一个拥有美好的心灵，一个却拥有丑陋的灵魂。胡迪忠诚勇敢，临危不惧，乐于助人。它帮助玩具们脱离险境，当大熊有生命危险时，它奋不顾身地挺身而出，救下了大熊。大熊却阴险狡诈，胡迪对它有救命之恩，它却忘恩负义，见死不救。善与恶的强烈对比深深震撼了我，我想只要人人都能在心中埋下善的种子，永远珍藏美好纯洁的心灵，世界一定会变得更加光辉美好。

影片中还有很多情节让我感动不已。当玩具们被大熊困在阳光幼儿园时，胡迪毅然决然地来救它们；当芭比被救出后，还不忘救出它的伙伴们；当玩具们误入垃圾焚烧厂，它们团结互助，共同渡过一个又一个难关；当它们快要被烧死时，它们抱在一起，共同面对危急时刻……它们同生死共患难，这是多么伟大的友谊啊！现实生活中，这种友谊显得难能可贵。"君子之交淡如水"，美好的友谊值得我们永远珍藏！

看到影片的最后，我的眼睛湿润了。安迪把自己小时候最喜爱的玩具送给了邻居最疼爱玩具的小姑娘邦尼。当他打开箱子一件一件地向邦尼介绍时，童年的快乐时光仿佛又浮现在他的眼前，他的内心充满了不舍，因为这些玩具陪伴他长大，珍藏着他美好的回忆。

其实，在我们的成长之路上，陪伴我们的不仅是玩具，还有我们的亲人。但我们终将长大，不再依赖父母。这些美好的回忆也会珍藏在我们的心底，化作不断前进的动力。

珍藏美好的心灵，珍藏美好的友谊，珍藏美好的回忆！让我们一起珍藏美好，勇敢前行！

第五章 "评"——影评、观·演评价

在爱中追逐梦想

四（4）班 倪峥然

今天我们观看了《寻梦环游记》，走出同欣剧院，我的耳边一直回响着歌曲《请记住我》的旋律，心情久久不能平静。

电影情节波澜曲折，讲述的是亡灵节时，酷爱音乐的小男孩米格不小心闯进了亡灵的世界，遇见了死去的亲人。亲人们愿意帮助他回到现实世界，但条件是——不准碰音乐。米格不同意，去寻找误认为是自己曾曾祖父的"歌神"德拉库斯，希望能够得到他的祝福回到人间。后来发现一直陪伴自己、鼓励自己的埃克托才是真正的歌神，才是他的曾曾祖父。最后，米格跟亲人们一起揭露了德拉库斯的真面目，亲人们帮助米格成功地回到了现实世界。第二年的亡灵节，一家人团聚在一起，音乐已经不再是诅咒。

梦想的实现来之不易，就像电影里说的："没有人给你机会，你必须自己创造机会。"米格追逐梦想，不顾险阻，勇往直前的一幕幕震撼着我。我的梦想是当一名像张召忠那样优秀的军事评论家，他精通科学技术、武器装备、军事战略、国防建设等多个学科领域。作为小学生的我，现在要学好知识，博览群书，关注国家大事，练好体能，遇到困难不退缩，坚持不放弃，才会离梦想越来越近。

让我印象深刻的又一幕：在亡灵世界里，为了让米格回到现实世界并将曾曾祖父埃克托的照片放到灵台上，亲人们跟德拉库斯展开了殊死搏斗。为了家人不惜一切、不求回报的精神，让我又想到我的爸爸、妈妈，在我生病时，是妈妈没日没夜的照顾，让我很快恢复了健康；在我胆怯时，是爸爸温暖的鼓励，让我战胜畏惧。家，是人生路上的避风港，家人在一起才是幸福和快乐的！

追求梦想的道路上，不要忘了家人，他们是我们前进的动力和坚强的后盾，因为有爱，才会实现梦想。

宝剑锋从磨砺出——《奇迹男孩》观后感

四（5）班 史雄佑

　　Hi，朋友，你看过电影《奇迹男孩》吗？我向大家推荐这部电影，观看了它，你会意识到其实我们很幸福。整部电影并不煽情，而是从生活中的点点滴滴，折射出了温暖，折射出了美好，折射出了爱的奇迹。

　　我最喜欢姐姐维娅讲的一句话："上学就是这么糟糕。人也是会变的。如果你想当普通小孩奥吉，这就是规则。"奥吉为什么不想去上学呢？那是因为奥吉不是普通的小孩。自从出生的那一刻起，命运就似乎对奥吉特别残酷，他患有罕见的"下颌骨颅面发育不全症"，医生断定他活不过三个月，但是他坚强地活了下来。经过27次大大小小的手术，他的面部仍然扭曲，看不到痊愈的希望。为了保护奥吉，在10岁之前，他一直生活在爸爸妈妈给他建造的"幻想王国"里，在这里他是勇士，他是王国的主人。

　　10岁之后，为了让奥吉有一个正常人的生活，爸爸妈妈决定送他去上学。在学校，他遇到了新的同学、新的老师。因为他与别人不一样的脸，他遭到了同学们的嘲笑、欺凌，是同学们眼中的"小怪物"。此时的奥吉，再也没有家人和幻想王国的保护，他变得特别的自卑敏感，他总是坐在角落里，顾影自怜，他害怕与别人交流、与别人接触，他觉得上学是一件非常糟糕的事情。作为姐姐，维娅没有给弟弟不切实际的幻想，她认真地告诉弟弟，如果上学，就必须接受规则，接受自己的与众不同，虽然很现实，但是就是这么糟糕。

　　我很喜欢维娅，虽然维娅的话不好听，但是很真实。我们的生活中也有规则，我们需要去发现规则，根据规则来武装自己，让自己变得强大。学习也有自己的规则，有付出才有回报。学习中不仅仅有鲜花掌声，还会有漫天风沙。遇到问题，我们不能逃避，要去思考解决的办法，向同学、老师咨询，不能因为不懂或者害怕，就藏着掖着，抱着侥幸心理。学而不思则罔，思而不学则殆，我们只有一步一个脚印，一丝不苟，考试的时候才会游刃有余，考出理想的成绩。那时同学们也会佩服你，大家的目光会绕着你转，会争相和你做朋友。这时候，你是不是也会觉得特别自豪呢？

"乘风破浪会有时，直挂云帆济沧海"，经历风浪，才会有奇迹。奥吉是不幸的，但是他也是幸运的，他通过努力改变了别人对自己的看法，交到了真正的朋友。他勇敢地适应环境，适应规则，给大家带来满满的正能量。这个世界原本就不完美，每个人都生来不同，但是面对自身的不完美，我们可以有完美地改变。希望每一个"不一样"的朋友都能够勇敢地接受自己的"不一样"，希望每一个"不一样"的朋友都能有温暖的阳光，希望每一个朋友都能创造自己的"奇迹"，相信总有一天会被"爱"温柔以待。

《嗝嗝老师》观后感

四（6）班 曹妍

《嗝嗝老师》这部电影讲述了一个感人的故事。

奈娜·玛瑟女士从小就有图雷特综合征，这是一种类似打嗝的病，是神经上的问题，大脑是控制不住的。小时候因为这种病，她被12所学校拒之门外，后来，有一位校长对她说："我们会像对待其他学生一样对待你。"这是她第一次感到公平，所以她长大想当一个好老师。

奈娜·玛瑟女士经过无数次应聘后做了母校圣蒂克学校的老师，接了9F这个班。9F班只有14个同学，他们都是贫困生。因为教他们的老师都很偏心，而且还受到别的班同学的歧视和排挤，所以他们自暴自弃：抽烟、上课捉弄老师。已经被气走了7位老师，而第8位老师的到来使他们发生了巨大的变化。

上课时，他们照样玩耍，捉弄老师，可奈娜·玛瑟女士竟然甩开老师的架子和他们一起玩耍，他们惊呆了。渐渐地，奈娜·玛瑟女士用她的耐心征服了他们，所以等到他们考试结束拿到成绩的时候，一个个都喜笑颜开，因为他们都及格了！

最后，奈娜·玛瑟女士成了这所学校的校长。

没有差学生，只有差老师。

小朋友都是一张白纸，好的老师会帮这张白纸涂上绚丽的颜色……

追逐梦想的她

四（7）班　郭皓轩

《神秘巨星》的主人公是一个热爱音乐的印度女孩：伊希娅。她的梦想就是成为一个歌星，但她的爸爸法鲁克十分暴力，他觉得女孩只要好好学习，不要梦想。所以法鲁克就用暴力逼迫伊希娅不要去想她的音乐和梦想。

好了，我现在来说一说伊希娅家的家暴和家庭情况：在家里，爸爸法鲁克是用拳头说话的，简直就是皇上，甚至超越皇上。让人看了就想冲上去打他一拳，踢他一脚。一开始，伊希娅的妈妈娜吉玛只认命，从不反抗。

但有一次，在法鲁克的暴力下，他们全家跟着法鲁克要去沙地定居。但他们在孟买托运行李时，法鲁克要把妈妈娜吉玛送给伊希娅的吉他扔了，妈妈二话不说，直接从垃圾桶拿起吉他，带着伊希娅和她的弟弟古杜离开了机场，去参加最佳女歌手颁奖典礼。

我觉得伊希娅有些不幸，又有些幸运。不幸的是，她有一个不让她追逐梦想的爸爸；幸运的是，她有一个在暗地里支持她的妈妈。她的妈妈有一次偷偷从爸爸钱包里拿了一些钱，给6岁伊希娅买了一把吉他，因为这件事妈妈被爸爸暴打了一顿；有一次，就因为妈妈为了伊希娅和爸爸闹了一些小矛盾，爸爸居然打断了妈妈的一只手；还有一次，为了满足伊希娅的愿望，妈妈卖了她最珍贵的金项链，给伊希娅买了一台电脑，让她在电脑上上传她穿着黑罩，边弹吉他边唱歌的视频到优兔网上，得到了许多粉丝的青睐，还得到了著名音乐家库马尔的欣赏，让她的人生梦想终于实现。在最佳女歌手颁奖典礼中，伊希娅说了一句："妈妈，你不是智力障碍者，你是个天才；你不是胆小鬼，你是个战士；你没有孩子气，你是世界上最好的妈妈。"

这部电影让我明白了一个人生哲理：拥有梦想是最基本的，是每个人都有的权利，没有梦想，一切都会失去意义。

尊重生命，万物皆有轮回——《狮子王1》观后感

四（8）班 丁汝怡

这个寒假，我和妈妈一起观看了经典影片——《狮子王1》。影片讲述了木法沙被弟弟刀疤设计害死，小辛巴以为是自己导致父亲意外身亡，被迫远走他乡。深感绝望的辛巴偶遇了小伙伴丁满和彭彭，它们告诉辛巴要及时行乐，忘记忧伤。成年后的辛巴与青梅竹马的母狮娜娜重逢。经过一番挣扎，辛巴意识到自己背负的责任，它重返家园，夺回了王位。

我从木法沙身上看到了父爱的光辉，我在丁满和彭彭身上感受到友谊的温暖，但让我感受最深的却是影片一开始木法沙教导辛巴的道理：尊重生命，不要恃强凌弱。

天空湛蓝，原野碧绿。在荣耀王国狮子王木法沙的统治下，动物们在这里繁衍生息，遵循着自己的食物链，到处彰显着生机勃勃的景象。木法沙说："身为国王，我们要去了解、去尊重所有生物，包括爬行的蚂蚁和跳跃的羚羊。""可是羚羊不是我们的食物吗？"小辛巴脱口而出它的困惑。"因为我们死后，尸体会成为草，而羚羊是吃草的。所以啊，我们都生活在一个庞大的生命圈中。生命不息，轮回不止。"影片一开始就借木法沙之口传达了主题：我们要尊重生命，不要恃强凌弱，因为万物都有轮回。

祖国，我爱您——《我和我的祖国》观后感

四（9）班 陈明汾

第一次看爱国题材电影，让我激动万分、感慨万千，我为祖国母亲感到自豪和骄傲。《我和我的祖国》让我了解到中华人民共和国成立70年来一些平凡人的不平凡故事，一次又一次用泪水培育了我小小的爱国之心。

这部电影由开国大典、我国第一颗原子弹成功爆炸、女排三夺冠、香港回归、2008年北京奥运会、神舟十一号载人飞船成功着陆和中华人民共和国成立70周年阅兵等七个小故事组成。七个故事，不同的是带给我的感受，相同的是每个故事中的人物都以自身微薄的力量为祖国创造了"财富"。

我跟大家聊一聊给我印象最深刻的开国大典的故事——"前夜"。

"前夜"讲述的是在开国大典的前一夜，旗杆电动升旗装置不完善、电动组人手短缺、电动机器偶尔失灵、有时跟国歌不同步……面临开国大典要克服的困难太多太多，工程师林治远无法到现场去调试，在院子里按三分之一的比例还原旗杆装置，问题一步步得到解决。当所有问题都似乎迎刃而解时，他发现旗杆上面的阻拦球因为老化突然断了，解决这个问题必须加入三种稀有元素，再炼成铁，焊接到旗杆上。可他们没有三种元素，只有借，他们坐上房顶，拿起扩音机，向百姓们借，一遍一遍地喊着，可是空无一人，一直喊……渐渐地，院里站满了人，有妇人、老人还有小孩，他们开心地笑了。百姓们有的把自己孩子的长命锁捐来；有的把家里的金条捐来；有位教授把实验室唯一的三种元素的样本捐来……百姓们毫无保留。

有了百姓们的帮助，很快他们炼成了铁，准备焊接到旗杆上。旗杆只能站一人，只有工程师林治远会焊接，为了新中国，为了"万无一失"，即使被骇人的高度吓得睁不开眼，他仍完成了焊接任务。我们看到了最神圣庄严的国旗

傲然升起……

　　《我和我的祖国》给了我很多启示：小人物见证大时代，小情怀点燃大梦想。我一定会时刻提醒自己为目标、为梦想坚持并努力，长大为祖国奉献自己的微薄之力。

做自己星球上的"小王子"——《小王子》观后感

四（10）班 钱李航

看完电影《小王子》，我多么希望像小王子一样拥有一个属于自己的美丽星球！在那里，抬头能望见无数美丽的星星，俯身还有一朵独一无二的玫瑰花的陪伴。

电影开始出现的是一个小女孩和她的妈妈去一所精英学校面试，结果小女孩太紧张，失败了。后来她们搬到了一所房子里，小女孩的妈妈给小女孩滔滔不绝地安排了许多学习任务，我感觉她的世界早已被她的妈妈规划好了。从此，这个规划就像天罗地网一样笼罩着她的生活，主导着她的思想。她生活在妈妈的期望和规划中，总是为自己的前途担忧，失去了本应拥有的童真和自由。

我想，我是幸运的。因为我的妈妈没有像那位妈妈一样给我那么多的人生规划。相对来讲，我还是有着自己的自由和快乐。如果每个家长都像电影里的妈妈一样，那我们就只能小心翼翼地按照规划前行了，那还谈什么童年的快乐呢？

后来，小女孩认识了邻居怪老头。怪老头给她讲了小王子的故事。小王子来自另外一个星球，有一天，他和星球上唯一的一朵玫瑰花吵架了，于是他决定到其他星球看一看。电影中，后来小女孩找到小王子。此时的小王子已经长大，他机械地工作着，也被别人束缚着。长大了的他似乎忘记了曾经的纯真与美好，忘记了自己美好的星球。

看到这里，我不禁感慨：为什么人长大了，就变了呢？常看见书中写"难忘童年"，我觉得每一个大人曾经也是个孩子，我们可以长大，但童年的纯真与快乐却是不能忘怀的。

所以，愿大人们守护好孩子的天真和自由，尊重、倾听孩子的想法！当然，我们也不要失去和忘记自己的童真，我们要成为自己星球上的"小王子"。那样，星星会放飞，独一无二的玫瑰花会绽放！

"菜鸟"不菜

四（11）班 余泽群

你长得如何不重要，重要的是你在这个过程中做了什么。

——题记

"企鹅有什么用？"

"卖萌。"在我看来企鹅只是一团毛茸茸的球，除了卖萌，其他什么也不会。但看了《马达加斯加的企鹅》后，我发现，我低估了这群小家伙了。

这是美国梦工厂打造的一部关于企鹅奇幻冒险的动画电影。在南极——地球另一端的冰天雪地，企鹅们排着一列长长的队伍摇摇晃晃地朝我们缓缓走来，我们的三个主角就在队伍中——老大、瑞哥、科斯基。他们比别的企鹅矮了一大截，一看就是未成年的小企鹅，但他雄赳赳、气昂昂，眼神坚定，充满了自信，浑身上下透着一股闯荡世界的勇气。突然，一颗白胖胖的蛋从远处雪丘上滚下来，拒绝自然法则，不走寻常路的老大带领着三人组，冒着生命危险毫不犹豫地去拯救了那颗蛋——"菜鸟"，从此他们四人组成的精英小分队便踏上了其他企鹅从未经历过的冒险与荣耀之旅。

有人说："我喜欢老大。"

作为企鹅精英小分队的队长，他不甘平凡，勇敢机智，脑海中常常会想出一些天马行空的绝妙主意，带领大家顺利地完成一次又一次的计划。他是大家最信任的领导。

有人说："我喜欢瑞哥。"

瑞哥是老大最可靠的士兵，对老大的指令从来都二话不说地执行，尤其是他的技能更是无人能敌。他有一个像无底洞一样的肚子，任何乱七八糟的东西他都能吞进肚子里，需要时再吐出。

也有人说："我喜欢科斯基。"

科斯基是小分队中的情况报告员，是不可缺少的重要角色。他精通各种科学知识和操作技能，像一本百科全书。

我说："我喜欢菜鸟。"

小不点儿菜鸟萌萌的表情，呆呆的声音，毫无装备，被老大说成小分队的"吉祥物"。生日那天，当老大问他："如果让你在这个世界上随便挑一样东西，你会挑什么？"菜鸟脱口而出："我希望能成为我们队伍中的重要角色。"通过他的努力和勇气，他最终实现了自己的生日愿望。在同伴陷入危险时，他虽然只身一人，也没有任何的计划，但他依旧冒险去救自己的同伴。没有任何装备，但是他会卖萌呀！"卖萌"就是他的武器。菜鸟在救下第一个朋友后，身后长出了一只手，但是他没有犹豫，毅然地接着救下了其他所有的变异企鹅。外表呆萌可爱是菜鸟的一面，不惧危险、无私奉献的另一面才是他真正的模样。这是我心目中英雄的模样。

小小的企鹅们让我懂得了大大的道理，我改变了对企鹅们原有的看法。

"企鹅有什么用？"

我答："无所不能。"

只为遇见你——《一条狗的使命2》观后感

四（12）班 丁施旗

《一条狗的使命2》电影讲述了一条狗的五次重生，在每一次的重生中都在寻找不同使命的故事。第一世，刚刚出生的幼犬还没来得及体会"人生"便不幸夭折。第二次重生，在经过转世后，狗狗很幸运遇到了它的第一个主人伊森，并且伊森给它取了一个很好听的名字叫贝利。贝利和伊森成为一对形影不离的好朋友，一起玩耍，一起吃饭，一起睡觉……伊森喜欢叫贝利"狗老大"。可是好景不长，一次大火让伊森的腿成了残疾，同时他也失去了生活的信念，并且离开了贝利。贝利十分伤心，日渐衰老，直到临死前才见到了伊森。

贝利的第三世，也是令我最敬佩的一世。那一世，贝利成为一只警犬，并且被取名叫艾莉。虽然镜头不多，但是干过不少好事。在一次绑架事件中，歹徒把被绑架的小女孩推入了河里，艾莉不顾一切跳入河里，把小女孩救了起来。艾莉再去帮忙时，发现歹徒想从后面偷袭，射死警官，就在这时，艾莉将歹徒推倒，它也不幸中弹身亡。这一世，艾莉光荣完成了它的使命。

贝利的第四世遇到了另一个主人玛雅，并且贝利有了新的名字叫蒂诺，在这一世中蒂诺遇到了它的爱情——罗克西。这一世，它的使命就是保护罗克西，一直到罗克西因病死去，蒂诺也慢慢变老，直到死亡。

直到第五世，贝利又遇见了它的第一个主人。此时的贝利又有了一个新的名字叫巴迪，但是曾经的主人却不认识它了。巴迪用它接飞球的绝活让主人认出了它就是小时候的贝利。最后贝利和它的主人永远生活在了一起。

整个影片看上去是在说狗的一生，倒不如说是在讲人的一生，但是每个人都有每个人的使命。不管生活怎样，我们都要活在当下。

活在当下就是狗的使命所在，我们不知道生命到底有多少坎，有的人追寻了一辈子都无法参透生命的意义,而有的人一辈子都活在迷雾中。我们的人生没有几个一辈子,活在当下,把握当下,不让自己有太大的遗憾,也许这就是生命的价值所在!

世界那么大,有幸遇见你,若我能将幸福带给你,我将完成我的使命!

良知——《爱宠大机密》观后感

四（13）班 沈郝涵

我是一个比较喜爱小动物的女孩，在这次观看电影《爱宠大机密》后，我感触很深，里面的动物也很萌。

电影主要讲的是在纽约有一幢都养着宠物的公寓楼，每当主人出门后，公寓里就成了它们的"游乐园"，所有的宠物都会互相串门。一只叫麦克的小狗非常非常喜欢它的主人凯蒂，一天，它的主人领回来一只大狗狗，名字叫杜老大，麦克一开始一心想要赶走杜老大。后来，两只狗和公寓楼里其他宠物一起去了狗狗公园，麦克对杜老大说："你去帮我找根木棍。"杜老大走到了一块写着"施工地段"的牌子前，它心里冒出了一个坏主意。它放大噪音，把麦克引到了那儿，用力一撞，麦克尖叫一声，两只狗在争斗时，杜老大逃跑了。麦克被那儿的一群猫当猴似的在耍，又被流浪动物管制中心的一胖一瘦两个工作人员捉走了，机缘之下，认识了一只外表纯洁呆萌的小白兔，可它的内心却充满了对人类始乱终弃的仇恨。为了求生，麦克和杜老大不得不混入"革命"社会，可阴差阳错杀死了大毒蛇，引来小白兔的追杀，邻居家超级萌的小狗狗啾啾带着同伴们救援麦克。

在这里，最吸引人眼球的角色，就属那个小白兔了，外表呆萌，可它凶起来，能吓死人，这也许并不是它们真正的一面，只是因为人类抛弃了它们吧！强烈的反差，丰富的个性，让人不得不喜欢。最后它也被一个可爱又美丽的小女孩抱回了家，此刻，它对人类的仇恨也应该终止了吧。

从这部电影中，让我悟出及明白了一个道理：对任何事物，切不可始乱终弃。一定要善待身边的每一个人乃至每一个事物。一定要做一个有良知的人。

《流浪地球》观后感

四（14）班 顾羽彤

这是一部根据刘慈欣的同名小说改编的科幻片。因太阳的极速老化，持续膨胀，地球将遭遇灭顶之灾，人类热血而孤勇地开启"流浪地球"的计划——尝试推动地球离开太阳系，寻找新的家园。

这部电影令我震撼，使我感受到人类的精诚团结、不懈努力和坚毅勇敢。同时，许多暖心的画面一直烙印在我的脑海里，令我泪目，助我成长！

画面1：航天员刘培强因执行计划，和年仅4岁的儿子分别时亲切地说："我会化作一颗星星，看着你。"后来，因地球燃料不足了，刘培强带着空间站冲进木星，使地球成功脱离危险，而他也化为了天上的一颗星星，陪伴着儿子。

画面2：在救援的途中，爷爷甜蜜地回忆着奶奶煮的葱花面，虽然很咸，但每次爷爷却吃得一根不剩。在回忆时，爷爷笑容满面，满脸洋溢着幸福。

……

他们相亲相爱，他们让我感悟颇多。长大后我要像韩子昂爷爷一样，知足常乐，做一个心中有大爱的人；我还要像刘培强叔叔一样，关爱家人，做一个有担当、有责任的人！

五年级

以梦为马，不负韶华，追梦前行
——《飞屋环游记》观后感

五（1）班 许薛杰

寒假，我观看了《飞屋环游记》，一部与我同龄的卡通电影，重温了主人公为梦而行的精彩故事，感受追梦前行的伟大力量。

影片以"探险"为纽带，让老人卡尔、男孩罗素走到一起。为了"圆妻子艾丽住在仙境瀑布边的梦想"，卡尔带着"气球飞屋"和男孩罗素踏上了冒险之旅。影片又以"梦想"为主线，将主人公卡尔、罗素带进惊险有趣的故事。透过影片，我看到两个彼此关联而又各不相同的梦想：一个是卡尔夫妇的梦想——住在仙境瀑布边，另一个是男孩罗素的梦想——得到"敬老徽章"。整部电影，主人公们不惧风险、战胜困难、追梦圆梦的心路历程让我很是感动，同时也启发了我决心以梦为马，不负韶华，追梦前行。

曾几何时，我的梦想是当一名研制导弹的工程师，为强军强国贡献力量。但是，在种种诱惑面前，我往往是三分钟热度，心里总是惦记着开开心心看电视、痛痛快快打游戏的惬意，总是盼望着不用听妈妈唠叨、不用写海量作业的日子。看了这部电影，我特别惭愧，我敬佩老人卡尔用"气球飞屋"追寻梦想的执着，佩服男孩罗素为"敬老徽章"敢于冒险的坚毅。此刻，坐在桌前写作的我，不禁想起了习近平爷爷对我们少年儿童提出的殷切希望："有梦想，还要脚踏实地，好好读书，才能梦想成真。"

停笔沉思，若有所悟。是啊，梦想成真是需要持之以恒和不懈拼搏的。古往今来，许多成功人士的故事都印证了这一点。爱迪生怀着发明梦想，花了整整10年才研制出蓄电池；司马迁怀着著书梦想，花了整整18年才写成《史记》；

马云怀着创业梦想，花了整整15年才打造出阿里巴巴商业航母。这些怀揣梦想，砥砺前行的名人名家，给了我们少年一代最好的启示，也是我们当代少年追梦前行的最好榜样。今天，我们生活在一个知识爆炸的年代，就应该以梦为马，不负韶华，好好学习，天天向上。

《飞屋环游记》观后感

五（1）班 颜妍

《飞屋环游记》是一部很暖心的、让人很感动的动画片。

电影描写了卡尔和他爱人相识、相知、相爱然后一起慢慢变老的故事，他们有一个共同的梦想——成为探险家一起居住在天堂瀑布旁。可惜现实就是那么残酷，老伴带着遗憾离开人世。年轻时的梦想没有实现，卡尔不想终身留下遗憾，他孤独执着地带着梦想、带着遗憾、带着老伴的那份梦想一起去旅行。本应该是欢声笑语的旅行，可现实只给卡尔留下一座空房和孤独的幻想……

一天，"绿荫橡树"养老院的人来要接他走，卡尔突发奇想，用上万个氢气球将小木屋连根拔起，小木屋竟然高高地飞了起来，并与一个误入他家的胖小孩罗素一起飞往南美洲，去实现他的梦想，寻找向往已久的天堂瀑布。在旅行的过程中，他们遇到了爱吃巧克力的大鸟凯文和爱玩球会说话的黄狗豆豆，还见到了他从小崇拜的人蒙兹，但是他们发现蒙兹是个为了达到目的而不择手段的坏人，他们最后用智慧和勇气战胜了蒙兹，救出了凯文，并把凯文送回了家。影片的最后，罗素成功地获得了"帮助老人"徽章，卡尔和罗素、豆豆成为好朋友，他们坐在马路边上温馨地吃着冰激凌，数着汽车……

看完这部电影，我深深感受到梦想的力量是那么的强大。为了实现老伴生前的心愿，卡尔爷爷不顾年老体弱，开始了艰险的旅行，梦想的力量能让人返老还童。虽然他的爱人不在了，但他对生活还是充满信心，一定要带爱人的照片去天堂瀑布，他信守承诺，坚持理想，克服种种困难去实现梦想，很让人感动。罗素也让人敬佩，他的梦想是做探险家，胸前挂满勋章，他也很努力，做了很多好事。当大鸟凯文被抓走时，他又勇敢地去营救，最后在卡尔爷爷的帮助下，打败了坏人，得到了最后一个荣誉勋章，也实现了自己的梦想。

我们每个人都有梦想，当我们慢慢变老的时候，梦想成真时，也许我们会觉得满足；梦想破灭时，也许我们会觉得遗憾终生。一寸光阴一寸金，寸金难买寸光阴，时间就像流水一般过得很快。电影的另一层深意就是我们要抓紧时间，每一分每一秒都要努力，不要等到老去以后，想着自己少年时没有完成的梦想而遗憾。梦想不分先后，没有年龄界限，有梦就要去追逐。梦想能激发能力，让人生有激情经历更丰富。为了梦想，我们一起加油努力吧！

爱·忠诚·好运——《驯龙高手3》观后感

五（2）班 汪瑞娜

《驯龙高手3》这部科幻电影以绝妙的幻想为基调，以一个普通的维京部落小男孩——小嗝嗝为主人公，描写了小嗝嗝与自己的小龙没牙仔一起，依靠智慧、勇气、无私的品质，带领小伙伴驯服种种恶龙，最终走向成功的故事。看着看着，你会明白：你也许并非天生就具有领袖气质和非凡才能，但只要你拥有对知识的热爱，对家人和朋友的忠诚，对生活的热情，就会收获意想不到的好运！

一、爱

爱是什么，有人说："爱是付出，就如父亲爱孩子一样，所有的爸爸把希望全部付给了孩子。"有人说："爱是羞怯，因为在爱一个人的时候，自己会感到害羞，感到胆怯。"在《驯龙高手3》电影中，主人公——"小嗝嗝"和"夜煞"的接触中，小嗝嗝给了夜煞浓浓的爱。小嗝嗝在湖边发现了夜煞，它飞不起来了，而且很饿。在那情境之下，善良的小嗝嗝并没有杀它，而是把自己仅有的一条鱼送给了它，紧接着小嗝嗝天天来送食物给它。因为夜煞的翅膀坏了，所以小嗝嗝日复一日打造一个像样的翅膀，给夜煞安装了上去，夜煞被他的诚意所感动，和小嗝嗝做了十分要好的朋友，在一起玩。甚至，小嗝嗝还为它起了一个十分可爱的名字——没牙仔。所以我觉得：爱是你我彼此坦露真诚！

二、忠诚

忠诚是什么？通过观看《驯龙高手3》这部电影，你会明白：忠诚是对朋友真心实意，尽心尽力。小嗝嗝把没牙仔的翅膀修好之后，便整天陪着它玩，训练没牙仔的飞行。他们整天遨游大山，十分快乐，小嗝嗝坐在没牙仔的背上，可真是一位驯龙高手！小嗝嗝成了没牙仔最最信任的好朋友，小嗝嗝爱没牙仔，没牙仔爱小嗝嗝，整天形影不离，没牙仔什么都听小嗝嗝的，它的忠诚几乎没有词可以显现出来，而我与我的兔子的感情比小嗝嗝和没牙仔的感情差远了！

三、好运

好运是怎样得来的？我个人认为是这样的：爱＋忠诚＝好运。让我们一起来揭开这个公式的深刻奥秘吧！在《驯龙高手3》这部电影中，当秘密被女驯龙高手亚丝翠发现了，亚丝翠被小嗝嗝的诚意所打动，并没有把这些秘密告诉小嗝嗝的爸爸。没牙仔把小嗝嗝和亚丝翠带到它们的领地，终于明白了小龙们为什么要攻打人类，抢夺食物。统治小龙的是一头十分凶猛的巨龙，小龙们必须要喂足这头巨龙，不然，则由小龙们代替！小嗝嗝和亚丝翠看了十分气愤，发誓要拯救这些可爱的小龙！最后，小嗝嗝骑着没牙仔，亚丝翠带领他们的同伴骑着各种坐骑打败了可恶的巨龙，拯救了可爱的小龙。小嗝嗝给予了没牙仔浓浓的爱，没牙仔给予了小嗝嗝难以形容的忠诚，使小嗝嗝和小龙们获得了好运！

母爱，世上最伟大的爱——《找到你》观后感

五（3）班 冒秉成

今天，我看了一部电影——《找到你》，看完之后，我感慨良多，内心久久不能平静。

《找到你》这部电影主要通过三个生活处境不相同的女人，在面对抚养孩子这个共同的问题上遇到的不同困扰和结局串联而成。职场女强人李捷，是一名资深的律师。她正在处理一件争夺孩子抚养权的离婚案，离婚案的女主角是朱敏，有着高学历，她原本可以过着职场光鲜的生活，可为了全心照顾孩子她选择放弃事业，最终在离婚的时候因为没有经济来源面临着失去孩子抚养权的局面，选择自杀。这跟律师李捷的境况截然相反，李捷工作勤奋，收入颇丰，也正因为这份工作，让她完全有能力独自让孩子过上优越的生活，所以她在与前夫争夺抚养权的时候底气十足。可是，表面上看李捷非常风光，但她把大量的精力花在了工作上，必然就没有时间照看孩子。为了让孩子过上最好的生活，她请了一位保姆全天照看孩子，无奈某天保姆却趁她在外应酬的时候偷走了孩子。保姆孙芳，是一个生活条件窘迫的乡下女人，她也有一个孩子，但是孩子不幸患有先天性疾病，由于丈夫重男轻女，没有责任感，她一个人扛起了带孩子求医的重担。她可以放弃器官、从事最卑微的职业，可战胜了一切却战胜不了贫穷，最终眼睁睁地看着孩子被病魔夺走，生活的希望也全部被磨灭。

这三位母亲影射了当前部分中国女性的真实处境，对女性来说，如果你选择成为一个职场女性，就没法全心全意照顾家庭；如果你选择成为一个全职妈妈，你可能会失去保全家庭的能力。

想到这里，我不禁联想到了我的母亲。我的母亲是一名工程师，长期在外工作，只有过年时才能回家20天。一直以来，我都跟姥爷生活在一起。每当放学时，一出校门，看到同学们的妈妈慈祥的笑脸，我心里都非常酸楚；每年中秋节，别人跟母亲开心地吃着团圆饭，而我只有在手机视频里跟妈妈"团聚"；当我发烧在医院挂水的时候，看着别人的孩子都依偎在妈妈的怀抱，我更是坚定了一个想法：妈妈是不爱我的，她的心里事业比我重要。看了《找到你》这部电影后，我不禁重新回顾起昔日的点点滴滴。母亲她有自己的事业，她的事业不仅仅是为了她自己的成就，更是为了保障我的生活水平，我能够在课余的时候阅读到大量的书籍、学习我喜爱的吉他，是因为母亲在他乡的辛勤工作。每当我获得了各种荣誉，在视频里向母亲报喜的时候，母亲那欣慰的笑容、慈爱的眼神、鼓励的话语一一浮现在眼前，这一刻我明白了母亲的难处，明白了母爱。

　　电影中无论是李捷、朱敏还是孙芳，她们无法选择自己的生活环境，也无力去改变自己的命运，但是她们作为母亲，即使前方的路再难，她们都没有选择放弃孩子，而是不顾一切地争取与孩子在一起的机会，全力去保全自己的孩子。特别是孙芳，她偷走雇主的孩子是犯罪，应该受到惩罚，但是，她的不幸和她对孩子的爱，还是值得我们一些宽容和理解的！

《佐贺的超级阿妈》观后感

五（5）班 曹徐辉

今天，我观看了一部感人肺腑、充分体现人间亲情的日本电影——《佐贺的超级阿妈》。

事情发生在二战后，因为广岛原子弹爆炸，昭广的父亲染上了核辐射，不久便去了遥远的天国。他的妈妈为了维持生计，无奈之下将年仅八岁的小昭广送到佐贺，让他与年近花甲的阿妈生活。

曾经独自抚养了七个孩子的阿妈家境贫寒，身上穿的是打了无数补丁的衣服，日子过得十分艰苦，抚养昭广的环境极其贫穷，但阿妈是一个乐观积极的人，在那物质匮乏的岁月里，她总有层出不穷而又神奇的生活绝招，让他们的日子不同于一般的穷人，但还是吃了上顿没下顿。勤俭节约的阿妈，在生活中的智慧总能让贫困的小茅草屋里充满欢乐笑声。令我感触很深的是，阿妈拖大磁铁和她的"超级市场"。

No.1 拖大磁铁

影片中，一听到"丁零零"的响声，阿妈的身影便出现了，聪明的阿妈腰间系绳，绳系磁铁，磁铁则用来吸金属，阿妈的日常就是这样的装备，满大街地跑，每次跑完磁铁都会给她吸来一堆的"财富"，阿妈总说："世界上没有应该丢了的东西，只有应该捡回来的东西。"

No.2 "超级市场"

阿妈家旁边有一条小河，每天下午她都会来到这里。为什么？因为这条小河便是阿妈的"超级市场"。机智的阿妈用一根长长的竹竿横在小河中央，河的上游是菜市场，每天都会流下来许多蔬菜水果，蔬菜水果会被竹竿拦住，这样一来，不仅净化了河水，一家还能吃上免费的食物，真是一举两得。阿妈说："受损的蔬菜水果，只要把坏了的地方去掉，吃起来一样，不用花钱，还送货上门。"

阿妈卖吸来的金属是赚，吃河水冲下的蔬果是省，这一赚一省，充分彰显了她在生活中的智慧及勤俭节约的品质。现在，我们生活在丰衣足食的好时代，不需要像影片中的阿妈那样，日日与贫穷作斗争，但却特别容易忽略节俭的品质，司马光说："由俭入奢易，由奢入俭难。"看了这部电影，我们应当珍惜现在的美好生活，居安思危，戒奢以俭。

这部影片使我成长，阿妈面对生活的态度，让我懂得面对任何困难，乐观精神、积极应对才是智者的行为。

好老师苗宛秋——《老师·好》观后感

五（6）班 徐熙蕊

《老师·好》平淡而真实地再现了20世纪80年代的师生关系和纯真情感。

好老师苗宛秋，当年的高考状元，收到了北大的录取通知书，却因为时代原因（家庭成分）被拒之门外，于是立志成为一名好老师，把自己的壮志和心血都倾注在了自己的学生身上，课堂上不苟言笑霸道古板，课下却和蔼慈祥不放弃每一个学生。他的学生们从一开始暗地里反抗苗老师的"专制"，到后来逐渐在苗老师的感化下互相和解。"我不是在最好的时候遇见了你们，而是因为你们，才给了我这段最美好的时光"，这句话从电影一开始，一直伴随我到电影结束。这高中三年的时光，也许对于别人来说，只是一个小小的插曲，但是对于高三（3）班的同学们来说，是一段永远难忘的美好记忆。

作为一名普通的人民教师，苗老师如同春风化雨，化解了同学们的心结和对立。在洛小乙同学因为被冤枉赌气辍学又去混社会的时候，好老师苗宛秋骑着自行车大街小巷找他回学校上课。在刘昊同学生病困难的时候，好老师苗宛秋挺身而出，动员学生捐款，更默默地将自己一个月的工资捐了出来。在洛小乙同学的爷爷摔跤的时候，好老师苗宛秋骑着自行车载着洛小乙第一时间奔去医院，并且默默关心。在高考冲刺之时，不忍心安静同学牵扯精力，自发为矿山中学的同学们免费补课，被人恶意举报停职却仍然心系学生。这一桩桩，让我体会到苗老师对同学们发自心底最深沉的关心。

电影里还有句台词，我印象很深刻——"苗老师的录取通知书，就像在我们心中树起了一座灯塔。"师者，传道授业解惑也。老师，不仅仅是在传授知识，更是在教我们如何做人，做正直的人，做优秀的人。每一个好老师，都是学生心中的一座灯塔。

《老师·好》让我懂得了许多道理，也悟出了许多真情，"我不是在最好的时候遇见了你们，而是因为你们，才给了我这一段最美好的时光"。苗老师在高三（3）班同学们的心中，就春雨一样，永远浇灌着他们。

正义与友谊不可背叛——《动物特工局》观后感

五（7）班 汪钰萌

最近，妈妈带我和妹妹观看了《动物特工局》这部影片。看完之后我的心情久久不能平息，虽然这只是一部动画片，但这部剧给我的感受实在是太深了，影片借动物的世界让我明白了正义与友谊的力量，令我受益匪浅。

《动物特工局》整部剧被"正义"和"友谊"两个词贯穿，讲述了猫咪张大威和老鼠阿丘，从互相排挤到相互合作，拯救世界的故事。剧中刻画了英勇聪明的张大威、电脑鬼才阿丘，还有善良美丽的女明星米娜以及脾气暴躁的大象（猛犸象）局长，精彩的剧情和独特的风格为中华影视添上光彩的一页。最令我印象深刻的就是张大威说出的那句话："唯正义与友谊不可背叛！"

其中有个片段：阿丘为了拯救即将被冰冻怪兽击中的张大威，不顾危险挺身而出，为张大威挡住了致命的一击，自己却变成了"冰棍"，这不正是"友谊"的最好体现吗？友谊不是挂在嘴边的词语，友谊是付出、是奉献。在我们的生活中，就存在这样的友谊。就像我和我的同学吴滨羽，虽然我们平时喜欢斗嘴，有些小摩擦，但在关键的时候，比如我有困难需要帮助的情况下，小吴总会站出来不遗余力给我支持和帮助。

还有在片尾的时候医生兔依依，以及医院里面的精神病人都一起出来抵抗猛犸象局长的进攻。关键时刻，女明星米娜召唤来成千上万的姐妹对抗猛犸象局长，尽管蜜蜂姐妹们大多都被冰冻了，但是她们还是勇敢地进攻局长，倒下一只两只随后有更多只补上。为了守护那个世界，为了正义，不惜牺牲自己，与邪恶力量斗争到底。在我们身边也有许多人在邪恶的威胁下挺身而出，为了正义而战。抗日战争期间，在日本帝国主义的压迫下，有多少普通的中国人民为了正义抛头颅洒热血，并最终取得胜利。要是没有他们，我们哪能有今天的太平盛世。

总而言之，这是一部非常不错的国产动画片，让我相信"正义"与"友谊"能创造出伟大的奇迹！我真的被这部剧感动了，震撼了，这是心灵的震动，是心灵的呼唤！正义与友谊将成我人生字典中不可或缺的一部分。

把后背交给你——《特警队》影评

五(9)班 王紫

锈迹斑斑的仪器，各种沾满污垢的试管和锥形瓶，大片大片的红色液体，闪着可怕的荧光，鲜艳如血，仿佛索命的恶鬼，狭小阴暗的房间里一片死寂，大批大批的红色粉末装在箱子里、铁盒里——它是千万人的梦魇：毒品红。

这是一个将近20人的贩毒团伙，人人都持有枪，几乎都是职业军人或雇佣兵出身，没有一个是好对付的。制毒毒枭自身的身体缺陷，让他们逐渐形成"反人类"心理，他们利益熏心，视人命如草芥。

缉毒特警队集结最强缉毒小组，他们义无反顾地奔赴战场，誓将制毒窝点捣毁。"宝剑锋从磨砺出，梅花香自苦寒来。"他们每个人都日复一日接受着艰苦而又漫长的训练，每个人都是特警队精英中的精英。这一战很猛烈，不管是激烈的枪林弹雨，还是绝命的近身搏击，着实看得人热血沸腾，甚至有种强烈的临场感。

这是战场，哪有什么医疗设备？中了枪，要么用布条随意扎起来，要么用手捂着；受了伤，不好意思，就让伤口自生自灭，还得忍着疼痛继续打下去。敌人一拳又一拳，狠狠打在他们的脸上，留下殷红的血迹，他们丝毫没有畏惧的神色，只是静观其变，等待反击。多少次被敌人用枪指着的绝望，多少次不慎中弹而痛彻心扉，生死就在一念之间，他们会退却吗？——永不退却，他们用自己的生命去战斗，去牺牲，永不后悔！

"仅靠他们六个人能扛下来吗？""打好配合的话，没有人比他们强。"临上战场时指挥官这样说，"一定要学会把自己的后背交给队友。"战场上他们永远不是一个人在战斗，当你命悬一线时，一定会有一个人向你伸出援手，他们的朝夕相处，他们的情同手足，他们的风雨同舟……使得他们能够在战场上放心把自己的后背交给队友，正如那句话：褪尽繁华，我依然在彼岸守护你！啊，多么至死不渝的友情！

  他们身着军装，肩扛长枪时，每一个潇洒的回头，每一个敏捷的动作，每一个坚毅的眼神，哪怕是扯扯嘴角，也流露出超群绝伦难以企及的帅气。他们为国为民流血牺牲，哪怕刀戳在胸口上，眉头也不曾皱过。

  这种帅气不单单表现在外表上，而是表现在他们坚毅又可亲的气质上，表现在他们那一颗颗热忱的心上。

  他们是战场上百战不殆的中国军人，他们是训练场上挥洒汗水的中国士兵，他们都有一颗炙热红亮的心，危难来临时是他们勇敢地站在了人民的身前。可他们训练结束后，会勾肩搭背地互相鼓劲，会有出生入死、同舟共济的兄弟情，会有强烈的至死不渝的责任感。

  他们都是这世界上最好的人，最帅气英俊的人，也是最可爱的人，更是最有担当、从不逃避责任的人，最值得信赖的人。

  当国人有难，请相信中国特警的力量，请信任他们，把我们的后背安心地交给他们！

《当幸福来敲门》观后感

五（10）班 王卜

幸福是什么？我一直以为是父母的宠爱，老师的表扬，和好朋友一起打游戏。可通过观看了电影《当幸福来敲门》后，我对幸福有了一种新的认识和理解。

这个故事发生在1981年的旧金山，当时美国正处于严重的金融危机，主人公克里斯有一个不和睦的家庭。他是一位医疗仪器推销员，他的妻子十分不满意他的工作和收入，两人之间经常吵架。最后，妻子离他而去，留下他和儿子小克相依为命，陷入了人生的最低谷，每天过着入不敷出的生活。一次偶然，克里斯和理财公司的部长共坐一辆出租车。在车上，克里斯帮部长拼出了部长怎么努力也拼不出的魔方，获得了部长的青睐，成为一名长达6个月无薪水的实习生。最后，在无数竞争者中脱颖而出，改变了自己的生活。

影片中，克里斯一次又一次遭到生活无情而沉重的打击，也曾迷茫过、失望过，对生活产生过怀疑，但他没有萎靡不振，而是重拾对生活的信心，带着儿子小克坚持着、奋斗着，朝着幸福的方向勇敢前进。

这部影片最触动我的情节：当克里斯因付不起房租，和儿子小克被赶出出租屋，带着儿子街头流浪。夜深后，他假装和儿子玩游戏，一步一步把儿子带进了地铁站的公用厕所休息。那晚，他抱着熟睡的儿子彻夜未眠，为了让儿子睡得踏实一些，他反锁了厕所的门，用脚顶着门。无论外面人如何拍打门，他一直用双手捂住儿子的耳朵，望着沉睡的儿子，自己却无声地流下了男人倔强的眼泪。看着克里斯的眼泪，我的心被深深地触动了，咽喉处好像被无数针刺，让我体会了什么是心如芒刺、如鲠在喉，这就是伟大的父爱，我情不自禁地泪流满面。

生活一次又一次无情地打击着一个男人、一个父亲，而他却从未对儿子发过一次火，从未放弃对儿子的教导和陪伴。现实生活中，我们也遇到过困难，也经历过挫折，我总是为自己找理由，选择逃避。观看电影后，我所遇到的那些困难跟主人公比起来算什么？努力吧！奋斗吧！

　　幸福是什么？幸福是一日三餐，是一张舒服的床，一个温暖的家，一群志趣相同的好友……只要你对生活坚持不懈地努力，幸福终会来敲门。

幸福从哪里来？——《当幸福来敲门》观后感

五(10)班 吴煜妍

"幸福"是个很抽象的词语，它怎么会来敲门呢？带着这样的疑问我观看了《当幸福来敲门》这部电影。

电影主要讲述了一个窘迫家庭里的顶梁柱——父亲克里斯·加纳的故事。因为他的失业，妻子的离开，这个家庭窘迫到连房租都交不起，父子俩不是蜗居在教堂就是躲在公共厕所里过夜，可是即使在这样的困境下，这位伟大的父亲也没有向命运低头。为了生活，为了孩子，他卖过血，他不分昼夜、拼尽所有力量在外奔波，他遇到的挫折比别人多很多，付出的努力也比别人多很多。但他仍然乐观，始终坚信只要坚持、努力拼搏就能成功，最后他成为一名金融界的精英，他的努力终究没有白费，幸福终于"来敲门"了。

影片中有一段细节让我记忆犹新，也让我十分感动：父子俩本来准备去教堂过夜，但去晚了，教堂没有空地，他们只好带着那个损坏了的骨密度扫描仪去地铁站的厕所过夜。克里斯·加纳担心5岁的儿子不肯待在如此肮脏的地方，便用智慧和幽默说服了孩子，把儿子带到了厕所里，用一层层纸垫在地上，让儿子安心地睡上去，自己却借着这点儿微光修理骨密度扫描仪。外面时不时地传来狠狠的踹门声，为了不吵醒儿子，克里斯·加纳便用手捂住儿子的耳朵，坚决不开门，当踹门声停息了，他才继续修理扫描仪。夜深了，仍然看到他忙碌的身影。忙碌和辛苦给幸福奠定了基础，如此困苦的生活，与后来的成功及幸福的到来形成了鲜明的对比，也侧面烘托出幸福的来之不易。

这样的遭遇他们父子俩还经历了很多，但不管生活有多苦，克里斯·加纳都没有屈服，更没有选择放弃，而是坚强面对，努力拼搏。儿子全程参与了父亲的生活，影片中几乎每一个画面都有儿子的尾随，他的一举一动都被儿子看在眼里，春风化雨般影响着儿子，他坚强不屈、永不言弃的精神也潜移默化地渗透到孩子的生活中。怎样才能成功？幸福从哪里来？我想影片中父亲的形象就是最好的诠释！

　　看了这部电影，我头脑里似乎有了打开幸福的钥匙。幸福不就是坚持和努力后的成功？幸福不就是当机会摆在你面前的时候，你已经做好了充分的准备？当幸福来敲门的时候，你就会以最美的姿态来迎接它！

　　当你抱怨命运对自己的不公，抱怨自己不够幸运、缺少机遇时，请问一下自己，我努力了吗？其实我们学习不也是如此？学习不也需要像克里斯·加纳那样有一股奋发向上的劲头和坚持不懈的精神？学习虽苦，但只有经历了学习的苦，才能收获知识，收获幸福！幸福从哪里来？幸福其实就是努力拼出来的！

爱——《沉睡魔咒2》观后感

五（11）班 徐严之

这个春节，每天都在战"疫"，今天观看了电影《沉睡魔咒2》，深受触动。这部电影给我最大的感受就一个字——爱。

爱洛公主和精灵们在森林里玩耍，遇到了菲力王子，并且喜欢上了王子，他们决定结婚，而且两国要联盟。爱洛公主告诉她的母亲玛琳菲森，玛琳菲森本不赞同，但是知道女儿真的爱菲力王子，还是答应了。爱洛公主让她用黑布遮住头上的双角，她也答应了。第二天宴会开始了，王后处处刁难玛琳菲森，玛琳菲森忍住了，但王后说，爱洛公主将会成为自己的女儿，她发怒了。她张开自己那巨大的黑色翅膀，用她的魔力把卫兵们打趴下了，最后玛琳菲森被铁箭射伤掉进海里。当暗夜族的族人跟人类发生战争时，玛琳菲森来了，在她上去救爱洛公主时，王后趁机放冷箭，玛琳菲森为了救爱洛公主，为她挡住了毒箭。

真是个伟大的母亲啊！从这里我感受到母亲对女儿的爱。生为人母，在她的心里，只有自己的子女；只要是子女喜欢的，就是母亲喜欢的；只要是为了子女好，便愿意为了子女忍受辛苦；只要有人想从身边抢走自己的子女，哪怕是付出自己的生命，也要保护好自己的孩子。以前我会嫌弃母亲的啰嗦、埋怨母亲对我的严厉，现在随着年龄的增长，我才开始了解我的母亲，才真正感受到母爱的伟大。因为母爱是最无私的，更是世界上最博大的爱，所以我要感恩母亲。我想这是我的心声，也是我们这群天真烂漫、童真无邪的孩子的心声。

王后把所有的精灵带到教堂里参加宴会，其实是想杀掉他们。派将军假装奏乐，其实有一个机关可以释放能杀死精灵的毒素。在危急时刻，一个大树人挡住毒素，自己牺牲了，保住了三个小精灵的生命。其中有一个叫蓝果的精灵，冲到释放毒素的地方，堵住了管道，牺牲了自己，因为毒素释放不了，最终其他的精灵都获救了。

　　真是伟大的精灵啊！从这里我感受到精灵们彼此的爱，舍己为人的精神。作为同伴，在他人遇到危险时，想的是帮助、救助其他的人，即使是为此献出自己的生命。我不由想起当下的疫情，今年春节期间，新型冠状病毒突如其来，虽然病毒无情，但人间有爱。那些奋战在一线的医护人员、人民警察、人民解放军战士，舍弃小我、忘记疲劳，用真情与病毒对抗，守护着同胞们的生命；那些平凡而又伟大的人，捐钱捐物，用行动为国家做出自己的贡献。大爱无疆，愿疫情早日过去，中国加油，武汉加油！

　　"爱"是世间最美好的字，温润如玉，暖若春风，时光因爱而暖，人生因爱而美，没有爱，世界必将是一片荒芜。"把你的心我的心串一串，串一株幸运草串一个同心圆"，让我们一起期待美好的未来！

《战狼2》观后感

五（12）班 陈宇

"中华人民共和国公民：当你在海外遭遇危险，不要放弃！请记住，在你身后，有一个强大的祖国！"

"一朝为战狼，终身是战狼"，这坚定的声音，气壮山河！这正是冷锋同志所说的话语，它时时刻刻回应在我的耳边。

冷锋他一身正气，当他看到老百姓被欺压时，大义凛然，直接把兴风作浪的拆迁商头头结果掉了，不过，"军人"称号也被撤掉了。在后来与外国雇佣兵作斗争的时候，冷锋三人面对的是千军万马，杀人不眨眼的雇佣兵。但冷锋与另外两人通过他们的智慧，把"老爹"的坦克推翻，并且以"攻防兼备"的形式反击了敌人。硝烟滚滚，战火咆哮，正在这三人占上风之时，一块巨大的铁板把冷锋压住，他被压得手脚动弹不得。当他看到中国人被外国雇佣兵用机枪扫射的时候，直接用视频把这场激烈的战斗直播到了中国的大本营，总司令的怒火也直线上蹿，最终，等他得到上级命令时，一个斩钉截铁的声音从他口中爆发出来——"开火！"无数枚导弹腾空而起，伴随着巨大的轰鸣声，敌方的兵力眨眼间损伤了大半，失去了战斗力。

冷锋经过多时的战斗，内心的野狼也开始向前咆哮，最终，就用杀害龙小云的子弹将"老爹"送上了西天。

冷锋干掉了"老爹"，不仅仅是为了他的爱人报仇，更是向全世界发出一次警告：我们中国已经不再懦弱了！我们就像梁启超先生所说的："潜龙腾渊，鳞爪飞扬。"我们就如一条巨龙，在万丈深渊中腾空而起！我们再也不是你们外国人所说的"东亚病夫"，我们的病已经治疗好了！整装待发，毫无惧色！无论你身处何地，一定要记住，在你的背后，有一个强大的国家——中国！

我们常说是清朝让中国积贫积弱，但正是清朝，才让我们真正看清楚自己，看到了我们与世界的差距，看到了这种差距之后的悲凉与落寞。也正是这种悲凉与落寞，给我们一个极大的激励，使我们奋勇向前，打败一个又一个的敌人，这种力量是不可估量的！中国从此站了起来！有了力量，中国站在了世界的前沿，成为世界的中流砥柱，还给世界带来了更好的发展，带来许多的帮助，尤其是现在的"一带一路"，是个非常了不起的政策。面对世界，中国已然变得很强大了！最终，我们肯定是要将步伐迈向宇宙，向未知的领域探索！我只想说一句："中国，腾飞起来了！"

　　从现在开始，我要牢记历史，勿忘国耻！珍惜一分一秒，抓住点滴机会，认真学习，努力成为祖国的骄傲！

六年级

敬扫帚上的男孩——《哈利·波特与魔法石》影评

六（1）班　朱晨瑞

透过《哈利·波特与魔法石》电影里的一幅幅画面，我感觉这是一个残酷而又美好的世界。我觉得自己就是一个麻瓜，渴望来到这样一个奇幻世界的麻瓜。

哈利是一个可怜的小男孩儿，他失去了父母，从小过着寄人篱下的生活。他没有像样的童年，甚至也没有一个像样的生日，这仿佛只要疏忽一下就会被淡忘的男孩儿，却充满了魔力，他的勇敢、善良、顽强，让一切都变得熠熠生辉。

收到霍格沃茨学院的录取通知书是哈利人生中的转折点，从九又四分之三的站台开始，这个带有印记的男孩，便要担负起与恶势力作斗争的重任。曾经的他，没有人关心，没有朋友，但在霍格沃茨魔法学校，他结识了朴实却能在关键时刻挺身而出的罗恩，聪明勤奋的赫敏，笨拙却爱心十足的海格，这使得他拥有了友情与关心，弥补了他在弗农姨夫家的亲情的缺失。

"对不幸的命运，越是抱怨，越是痛苦，越是想逃避，越是觉得恐惧。不如去面对它，迎接它，克服它，使一切痛苦，低头称臣。"这是法国作家福楼拜的名言，而哈利就是证明者。面对邪恶势力，哈利迎难而上，以自己那朴实无华的心获取了魔法石，而使他能够面对的武器便是母爱。母爱是看不见的痕迹，它藏在哈利的每一寸肌肤里，而这正是奇洛打不败哈利的原因，奇洛出卖了自己，他无法接触拥有爱的印记的人，哈利用勇气与母爱和纯洁的心阻止了伏地魔。

我敬佩这大难不死的男孩儿，他用生命捍卫着正义。另外，《哈利·波特与魔法石》这部电影中还有一个让我潸然泪下的情节就是在厄里斯魔镜面前，哈利见到了渴望已久的父母，父母的笑是多么的温馨，他满足的笑是多么的感人。

连续几天，他都会停留在厄里斯魔镜前痴痴地望着，可是校长邓布利多的一席之语——"沉湎于虚幻的梦想而忘记现实的生活，这是毫无益处的，千万记住"让哈利清醒了，他没有沉溺下去，而是微笑面对生活，他的乐观和自制力，令我佩服！

　　扫帚上的男孩哈利，你用勇敢、纯洁的心灵捍卫正义，你用善良、真诚的心呵护友谊。你与魔法石的故事，让我感觉到"Evil can never prevail over good"。

敬畏生命、敬畏职责、敬畏规章
——《中国机长》观后感

六（2）班 林晏如

看完《中国机长》这部电影，我心中的大石头像落入了水中，但一个疑问也随之冒出：是什么支撑着机长，让他把乘客安全带回地面的呢？

回顾整部影片，一个个惊心动魄的场景还浮现在眼前：于高山般的巨大云团前，于变幻莫测的云团中，闪电在耳边轰鸣，雨滴不停拍打着飞机，机长却毫不畏惧，坚定地望着前方。高空的低温冻僵了他的手，但却依旧紧握着操纵杆……雷声依旧轰鸣着，机舱里的乘客都如受惊的小鸟，惶恐不安地盯着窗外。既然这么危险，那又为何要进这积雨云呢？这时，机长的眼前浮现了那个藏族孩子，"扎西德勒！"稚嫩的童音还回荡在耳边，他，必须对那孩子负责，对整个飞机上的乘客负责。

回想片中，机长正坐在驾驶舱，突然挡风玻璃破了，副机长立即被吸出去了半个身子，可机长的第一反应不是去救人，而是握紧操纵杆，我的问题又浮现出来，为什么他不救人呢？再看，机长的眼前浮现了他的女儿，女儿笑得像花；再看，机舱里紧紧相拥的藏族母子，地面上的亲人也在守候……明白了，明白了，明白了为什么，因为他有一颗敬畏生命的心，为了守护飞机上旅客们的生命，为了能再看到女儿如花儿般灿烂的笑容，他必须先保全大局，这也是他职责所在。

影片的最后，机长将乘客安全带回了地面，机长抬头望天：

"敬畏生命，敬畏规章，敬畏职责。"

是啊，若是机长没有一颗敬畏生命、敬畏职责、敬畏规章的心，又怎能将所有的乘客安全地带回地面呢？若是我们也有一颗这样的心，去回报祖国，便能安然自得，问心无愧了。

向阳奔跑——《摔跤吧，爸爸》观后感

六（3）班 顾思琪

在印度的女子摔跤史上从没有一个人跻身世界级摔跤顶峰。而印度的一个女孩吉塔，她做到了。

印度大多数女人的命运非常悲惨，无非是在家里干家务，到十几岁出嫁为人妻子，生儿育女，一生就这样碌碌无为。马哈维亚他爱国心切，渴望印度人也能在摔跤上大展宏图。他不顾大家的嘲笑、不屑的眼神，而尽心竭力地培养姐妹二人。

在走上国际舞台前，她们吃过的苦，受过的伤，流下的泪只有她们自己知道。要想在这茫茫人海中脱颖而出，她们与男孩相斗来提升自己的能力。为了让吉塔更方便、更好地摔跤，她的父亲强逼她把一头乌黑发亮的长发剪去，她一直强忍悲痛，默默抽泣……经过十多年的奋斗，她在2010年的国际比赛上的摔跤项目中为印度夺来第一枚金牌。印度国歌在空中久久奏鸣着。吉塔虔诚凝重地注视国旗，不禁喜极而泣，哽咽着。

因为一个梦而走上漫漫征途，最后凯旋，我未曾敢想敢做过。拿最简单的一件事来说——假期，从来都是超越自己，努力前进的机会。没有付出就没有收获，还包括自身的成长。吉塔的为国争光靠自己的意志实现了，而我只会像头猪昏昏沉沉睡半天，开开心心看电视，幻想要趁此假期改变自己，摇身一变成"别人家的孩子"。但我敢想不敢动，不付出实际行动，没有坚定信念，空要耍嘴皮子说说，摆摆花架子。

在一个方面要想有成就，甚至能获得世界级荣誉，那就要有超出常人十倍甚至数百倍的意志力，并且行动起来。我们要向阳奔跑，为了灿烂的明天！

《摔跤吧,爸爸》影评

六(3)班 顾齐桐

父爱如山,有时候,回头看看父亲就站在你身后默默守护着你。

这部电影讲述了吉塔的父亲在他的两个女儿与男孩打架中,发现吉塔和巴比塔摔跤的天赋,从而开始对她们严格的训练。起初,吉塔和巴比塔很不情愿接受父亲的训练,但从一个失去父亲的女孩身上,她们体会到父亲对她们的期望和爱,从而开始认真的练习,不辜负父亲的一片苦心。吉塔在一场与男子对决赛中卓越胜出,进了国家队,进了国家队的她被教练误导了,学了一些无用的技巧,让吉塔觉得父亲所教的都过时了,毫无用处,这些思维使她屡战屡败,最终,她明白了父亲的用心良苦,并说了声:"对不起,爸爸。"吉塔在父亲的指导下,拿下了2014年英联邦运动会金牌。

在与他人处事中,我们也许会与家人、朋友、老师有些小误会,认为他们是错的,但换个角度想想,可能那是他们爱我们的一种方式罢了。在生活中,常常会出现挫折,我们不能放弃,要坚持到底,我们放弃的那一刻,也许会有人在暗处偷笑。人生会有许许多多的大坑,但乐趣就在于你从坑中挣脱出来,向着胜利前行。

父爱是默默地守护着你,在你需要时伴你前行,父爱是伟大的!

《攀登者》观后感

六（4）班 夏镁辰

"五星红旗迎风飘扬，胜利歌声多么嘹亮……"每当听到这首歌，都使我心潮澎湃，看完这部电影，我不禁为方五洲鼓起掌，我们中国的国旗终于插在了珠穆朗玛峰峰顶！

电影《攀登者》讲述的是1960年，中国登山队第一次登上珠穆朗玛峰。然而因为雪崩，登山队员方五洲不得已丢掉了摄影机。就因为没有留下影像资料，导致这次登珠峰不被国际认可。从1960年到1975年，中国的攀登者们遭到了15年的质疑与屈辱。于是，第二代攀登者们再次出发，向着世界第一高峰发起冲击，准备重新测量珠穆朗玛峰的高度，但依旧没能成功，新队长也为国捐躯了。在所有人都快放弃的情况下，徐缨找到了短暂窗口期，方五洲毅然决定再次登峰，他们成功了。这就是中国的"攀登精神"，这就是中国的脊梁！

看完《攀登者》，我明白什么是初心，什么是努力，什么是奋斗。

"登上去，让世界看到中国人。"1975年，登山队员们背负着前辈的重担，肩负着祖国的使命，他们向珠穆朗玛峰发起挑战，这不仅仅是对体力的考验，更是对人内心意志的检测。低温、缺氧、雪崩……这些艰难险阻挡不住中国人，阻挡不住登山队员，因为他们有着一颗想要登上去的心。道之所在，虽千万人吾往矣。心之所在，有梦想就有征程。队员们跋山涉水，面对的是环境险恶、地势险要，面临的是生命安危，但是队员们没有畏惧退缩，而是迎难而上，勇闯生命禁区，最终让五星红旗高高飘扬在世界之峰上。看完《攀登者》，我又明白不论是学习、工作还是生活，我们都需要有"攀登精神"，这个过程虽烟雾迷蒙，充满着危险，而且在不同的阶段还有不同的考验，我们一定要努力去克服。《青年文摘》上有一句话：有青春，就有迷茫。青春就是锻炼我们强大的时候，只要不忘

初心、努力拼搏、不断奋斗，困难都会迎刃而解。精神在，希望就在，我们年轻人也应当展现出奋斗的姿态！

　　作为祖国花朵的我们，更应该发扬中国的"攀登精神"，为建设更强大的中国而努力吧！

第五章 "评"——影评、观·演评价

走吧，去冒险！——《海洋奇缘》影评

六（5）班 许知李

寒假里，我观看了一部优秀的影片——《海洋奇缘》。这部电影特点鲜明，不时唱响的歌声使人心情愉悦。

它讲述了这样一个故事：在很久很久以前，半神毛伊偷走了女神特菲提之心，让女神变成了恶卡——邪恶的岩浆魔鬼。

正因为如此，黑暗力量散发开来，一座座小岛被黑暗笼罩。一千多年后，酋长女儿莫亚娜捡到了特菲提之心，可她的小岛也有了死亡的危险。通过奶奶的引导，她明白：自己是那个被大海选中的人，而只有找到毛伊，和他一起将特菲提之心归还才能拯救世界。于是，莫亚娜不顾父亲的反对，走向了大海。

多变的海面就像一个双面人，时而风平浪静，时而惊涛骇浪。恶劣的天气席卷而来，豆大的雨点"啪啪"地打在木船上，使人害怕。可莫亚娜没有放弃，因为她知道，她背负着拯救世界的使命！历经千辛万苦，她终于见到了活过来的文身、魔法鱼钩和能变身的毛伊。他们向未知的海洋驶去。终于，他们成功地让女神找回了自我，让小岛再次充满了绿色！让他们成功的并不只是这些，在二人将要放弃时，是莫亚娜的歌声让他们充满了力量和希望。这种乐观的精神也让我敬佩。

中国女排也是如此，在2019年的世界杯上，一开始并不被外媒看好。可谁能想到，她们竟以11连胜的不败战绩夺得了冠军。在冠军的背后，有她们从早到晚的训练；有她们布置精密的战术；有她们永不言败的精神……正是有了这些，她们才最终让五星红旗高高飘扬在赛场上，让每一个中国人为她们自豪。

是啊，在通往成功的路上，肯定会有像莫亚娜父亲那样的阻拦，更会有数不胜数的困难，但你不能放弃！要在相信自己是正确的情况下，继续前进，走向属

于你的胜利！

朋友们，走吧，走吧，去冒险！在旅途中可能会有危险，也可能有磨难。但你要相信，总有一天，你能到达成功的彼岸！

温暖自在人心——《对不起，谢谢你》观后感

六（6）班 袁贾镕

对不起，是一种愧疚；谢谢你，是一种感激。而当两者交杂在一起，又是怎样的情感？看完影片名，脑海里总会浮现出许多场景，我带着满肚子的疑惑，观看了电影。

"滴答，滴答……"影片开始了，一个中年妇女倚靠着旁边的马桶，半跪在地上，眼神中满是迷离，我从她的神态、眼睛、动作中，看到了一股愁怨——对生活的无奈，我的疑惑更深了。

镜头一转，一位慈祥的老人正在喂食一只金毛犬，金毛十分乖巧，嘴里叼着晨报，趴在地上。这时老人的女儿推门进来，两人寒暄了几句，女儿冷淡地说："今天会有买家来看房子，你自己看着办吧。"便扬长而去。忽然间，老人身体不停抽搐，晕死过去，一旁的金毛吼叫着看着一动不动的老人，叼来几件衣服小心翼翼地盖在老人身上，看着金毛笨拙的动作，我的心一阵揪紧，不知何时眼角浸出了泪水。

第二天早晨得知父亲去世的女儿悲痛欲绝，正欲把那个忠心耿耿的金毛送人的时候，她发现金毛脖子上有一把小巧的钥匙。她打开父亲遗留的小盒子，里面呈现出她小时候穿的红布鞋以及一封信，读着父亲的信，女儿陷入了深深的回忆，脑海里浮现出小时候她和父亲、金毛之间的点点滴滴，泪顺着她的脸颊往下流，满脸都是悔意……

回去的路上，女儿看着草坪中一朵朵白色的小花，那不起眼的白花似乎给了她勇气，女儿此刻如同回到了童年时天真可爱的模样，一句"对不起"似乎平淡无奇，"谢谢你"却如此沉重，人生中的挫折很多，我们并不在意，但快乐、感动却牢牢挂在心上。

以小见大，许多人因为生活的压力而放弃、甚至厌恶生活，但其实用心去感受、去体会、去寻找生活中的快乐，温暖自在人心，生活是美好的。

用心聆听生命——《听见天堂》影评

六（7）班 郭启勋

当你因为意外失去视觉时，你一定会十分焦躁不安甚至会十分害怕和愤怒。记住，你一定不要安于现状，因为世上每一个平凡的人都有一个不平凡的使命。

而我们今天要讲的这位平凡而又十分伟大的人物"米可"，他就是这样不甘平凡的人。米可出生在一个十分幸福的家庭，因为一场意外导致他的眼睛失明了。他的父母东奔西走为他找最好的治疗，但还是没能挽救他的视力。米可因此被送到了一家盲人寄宿学校。在学校里，他因为自己失明不知道哭了多少次，闹了多少次。如果你在小小的年纪就感受到失明的痛苦，你会怎么办？

但米可静下心来后并没有安于现状，他发现虽然自己失明了，但是听力却得到了提升。米可通过自己对大自然声音的独特见解，渐渐掌握了大自然的"语言"。米可像重获新生一般无比渴求各种声音，他也瞬间明白了自己活着的意义，并下定决心长大后要做一个电影编辑者。可是在追梦的道路上怎么会一帆风顺呢？他所在的盲校校长认为米可在胡闹，批评了米可一顿，而且设置了各种障碍。可是米可并没有灰心，而是继续千方百计追求大自然的声音。

时间过得好快，盲校一年一度的表演会到了，学校邀请家长来观看。可表演人员中并没有米可。米可也十分渴望站在舞台上向家长们分享他们永远也无法深刻体会到的大自然中最美妙的声音。米可的老师得知他的心声后，送给他一台留声机并让米可和伙伴们一起表演。

米可通过对声音的理解在舞台剧中加入了他所理解的大自然的声音后，使得前来观看的父母为之惊叹。从此，米可在不断付出加倍努力后，终于成为一名电影编辑者。

当上帝为你关闭一扇门的时候，不经意间却为你打开了另一扇窗。每一个人不论遇到多大的麻烦，只要你不安于现状，付出加倍的努力后你肯定会成功。这部影片让我备受启发，我相信在今后的学习生活中，我只要坚持付出，加倍努力，用心去做事，奇迹一定会发生。

不甘平凡的心

六（8）班 冒一晨

卡特，一个多么平常的名字。在他平凡的躯体下，跳动着的是一颗不甘平凡的心。卡特是一位皮肤黝黑的光头篮球教练，看着他严厉的外表，我认为他一定是个铁石心肠、对自己的队员严厉至极的人。可当电影放映结束后，我却湿润着眼眶，改变了这一固执的看法，虽然他确实严厉得让我目瞪口呆，但他看似冷酷无情的眼神深处，却也真实闪烁着一簇温情而又炽热的火花。

当卡特西装革履地首次出现在他的队员面前时，我不禁佩服他的管教能力——几分钟前还口出狂言，自以为是的队员们，现在正乖巧地随着他的口令一丝不苟地训练，随着汗水的流淌，队员们的水平不知不觉中长进了不少，但卡特仍像当初一样严厉地对待他们。在他的篮球队中绝不允许出现脏话和不尊重他人的现象。他用自己的权威，迫使队员们改掉曾经肮脏的毛病，并在他们心服口服的基础上，与每个队员都签订了合同，并教会他们尊重。另外，严厉的卡特还要求每个队员必须认真上课，甚至要求他们的老师为每一个队员制定评价表……

卡特教练的训练方法独特而又有效，上个赛季只赢了四局的队员们，在卡特的训练下，他们在比赛中竟一改从前的不团结，在赛场上配合巧妙，一次一次从对手手中毫不留情地断下球，不留余地地将对方置于死地，成功地在这次赛季中完美地逆袭成了一匹黑马。

可就在他们即将打响总决赛时，卡特教练却作出了一个令所有人都意想不到的决定——禁赛。原来，卡特从校长那儿了解到，虽然队员们在球场上是一匹匹黑马，可实际上他们的高中毕业率却很让人担忧，也就是说，整个球队中可能没有一两个人能够上大学。听到这个消息时，我为之一震。当毫不知情的家长们十分不满意地冲卡特指手画脚时，队员们虽然也很不甘心，却出于对教练绝对的信任和服从，真的再不打球，而积极学习。当卡特走进关闭已久的体育馆时，出现在他面前的是队员们那一张张专注于学习的脸。那时，我清楚地看到，不苟言笑的卡特眼里闪烁着晶莹的泪花。当然结果也是十分令人满意——所有的队员都以自己最大的努力换来了不错的成绩和再次打球的机会。在最后的比赛中，队员们虽然全力以赴，却仍以一分之差与冠军失之交臂。更衣室里，队员们都在为自己没能为球队夺下冠军而失落自责的时候，依然西装革履却又表情严肃的卡特走了进来。他用自己的幽默才华再次激起了队员们的自信，他们擦干不甘的泪水，像从前一样笑容满面地走出门去迎接自己的家人和好友，可面对家长们的连连道谢，卡特却仍像从前一样低调地表示这只是自己应该做的。

平凡的卡特，用自己对队员们不平凡的无限关爱改变了他们的一生，也让我体会到什么叫坚持不懈，什么叫永不言弃……

初心未变

六（9）班 陈程

火车小站的对面，那个不变的地方，那些不变的事物，那份不变的情怀，还有那不变的它……

那天，我观看了《忠犬八公》这部电影，电影中可爱的小八来到了教授帕克的家中，一开始，我就被那肤色略棕，毛发繁多，眼睛还不时眨巴眨巴，东张西望的"小可爱"给吸引住了。看着小八那萌萌的模样，真想伸手摸一摸它。

其实啊！你别看咱们小八可爱，还是个实力派呢——忠诚护主使者。

一天下午，小八与往常一样，蹲守在小站对面，等待着主人的归来。它双眼几乎一眨不眨，生怕错过主人。可是今天……它并没有等到主人的身影，主人的女儿凯特告诉它，它不会再等到教授了，小八似乎不信，它的耳朵动了动，头也稍微摇了摇，接着身体也重新站直了些，仿佛在说："怎么可能呢？主人今天没回来肯定是工作有了什么变故，他一定会回来的！我要在这里好好等他！"望着远方的目光中，充满了期待。可是，他今天真的失约了。小八的目光依旧盯着火车站的出入口，一人走过就望一眼，紧接着便是失望……

不久，丧主的小八被凯特带去了他们的三口之家。在那个新家里，本以为小八能慢慢适应起新的生活，能忘掉帕克，不去做无为谓傻傻的等待。是啊，对于我们人类看来，做这种事情是一种傻傻的事，无异于浪费生命。可对于小八来说则是……

小八总是蜷缩在一处，总眺望着门口，一动不动，似乎总在想些什么。凯特明白小八是想念教授了，她打开门，小八一阵风似的冲出了门，它要去找主人，也许哪一天主人回来的时候见不到它了他会多伤心，它要等他！

小八跑啊跑啊……穿过小巷，穿过街道，穿过大楼，穿过人群。终于！它到了！小站旁的旧住户们，看到小八无一不惊讶，它竟然还记得这里。小八依旧趴在那个熟悉的地方，望着熟悉的人流不断地流失，期盼着那个熟悉的身影和那声熟悉的"小八"。所有人本都以为它只是一时兴起，打发打发时间罢了。谁又曾想到这次的等待足足有十多年，所有的事物都变了，可唯独就是一点从未改变，就是小八那颗忠诚的心啊！

我不禁有些恍惚，这……只是一只动物啊！可是它却似有着人一般的感情，而且它所拥有的哪怕是人也都难以坚持到老的情——忠诚！它认定了帕克是它的主人，它就会义无反顾，不顾任何人的劝阻，它都要等着主人，哪怕风再大，雨再暴，它也不会改变。

……

又是一个大雪纷飞的夜晚，再看小八身上的毛已长了好多，脸也变得松弛了。小八就这样安详地趴着，脸庞正对着小站，双眼闭着，它仿佛又见到了主人，又回到了和主人在一起的那段美好温馨的时光，一起吃饭，一起睡觉，见到了他们的一切过往。它和主人又团聚了……小八愿意用它的一生，用它的生命，来等待主人的归来，这就是那个坚不可摧的忠诚之心！

一滴眼泪无声地滑落，我拼命擦拭着眼角，奔腾的泪珠就像瀑布一样飞流直下。帕克教授对小八的感情是那么深，他恨不得把自己的所有都给它。而小八对主人的心也是一样，它要一直等待着主人，尽管万象更新，初心却从未改变！

《忠犬八公》观后感

六（9）班 许钱嘉

> 有一种情感，不分种族，不分生死，它仅存在于你我心间，不随时间的长河而流逝，不畏岁月的风尘而散去。
>
> ——题记

当我看了《忠犬八公》这部电影后，我的心底受到了巨大的震撼，我从来没有见过一只狗对自己的主人如此忠诚，以至于倾其所有，也要等候主人的归来。影片讲述的是教授帕克在车站上偶遇一只小秋田犬，出于可怜，帮它多方寻找主人无果，只能把它养在家里。狗狗的脖子上挂着一只项圈，上面写着一个"八"字，所以帕克教授为狗狗取名为小八。小八陪着帕克全家一起成长，一起玩乐。每天早上，小八都陪着帕克出门去火车站，目送着帕克上班，缓缓地坐在火车站对面的花坪里等待。帕克教授回来，小八飞快地跑过去，舌头从嘴中拖出，隐瞒不了它满心的喜悦。小八扑到帕克身上，帕克教授脸上也露出了笑容。

一天，帕克教授如常上了火车，但他并没有如常回到家中。他在大学里幽默地讲着课，坐在讲台上，下面的学生被逗笑了，帕克慢慢地移动脚步，来到台下，坐在一个学生旁边。我两眼直勾勾盯着屏幕，不敢移开半分，谁知道下一秒会发生什么。帕克教授突然开始大口大口喘着气。我满脸担忧地想：帕克教授怎么了？在急促的呼吸声中，帕克教授永远地倒下了。可是小八不知道，它仍在每天下午五点时分准时去火车站等候，凝视。一天，两天……春夏秋冬，等了整整十年，直到死去。自始至终，影片是以一种平淡的方式来叙述故事，没有跌宕起伏的剧情，没有生离死别的场景，有的只是生活中最平常的温馨片段，却如此感动人心。在影片中，有一个画面我至今难忘：上车下车的人来来往往，树叶黄了又绿，绿了又黄，小八站在老位子上，眼神里充满了无尽的哀伤与无助。它想在人群中寻找它的主人，换来的却是一次又一次的失落，但它没有因此放弃，十年如一日，无论刮风下雨，它希望再听到主人亲切地叫它"小八"，再任性地扑进主人温暖的怀抱，再看到主人怜爱的笑容。长长的铁路一望无际，却诉不尽小八心中的那份执着与思念。也许，狗狗的世界就是那么简单，纯真，所以才会有人说"你的一生也许不会只有一只狗，但你却是狗狗的一生"。在小八的生命中，帕克是它最亲密的陪伴，正因为如此，小八等了他整整十年。十年，对于我们人来说也许很短，也许很长，十年对我们而言会发生很多事情，在十年时间里随着时间的流逝将冲淡我们对人、事、物最先的执着与爱，我们会慢慢放下，甚至遗忘……

但就是这么一件看似煎熬的事，小八——一只普通的狗做到了，它用它的一生来诠释了对主人的忠诚与爱。在生活中，我们常常因某些小事而与哺育自己的父母争吵，甚至有些人长大后不履行对父母的养老职责，嫌弃父母，害得父母必须上街乞讨以维持生计。那么在这里，想问问那些无良心之人，一只狗都能对主人如此不离不弃，更何况我们人呢？

在影片的最后，一个大雪纷飞的夜晚，还是在那个熟悉的位子上，小八轻轻地趴在那儿，在朦胧的天气，白茫茫的雪花中，小八的眼睛丝毫没有移动，永远盯着火车站的门，期盼着主人微笑地推开门，自己能迅速扑到主人温暖而又宽大的怀抱。

小八拖着疲惫的身体，缓缓闭上了眼睛。它在回想着与帕克的点点滴滴，那时是多么幸福啊！在生命的最后一刻，火车终于到站了，帕克从车上走下来，笑着对小八说："小八，我们回家……"

《王牌特工·特工学院》观后感

六（10）班 丁玮辰

在我们生活中，"正义"这个词似乎并不常见。但这个故事，带给了我"正义"的感觉。它鼓舞着我在困难中振作，它激励着我在逆流中前进。这个故事是围绕着一个平凡的人讲述的，但正因为他的正义，注定了他的不平凡。

他叫艾格西，在社会上默默无闻。万千人中，他肯定是最不起眼的一个。围绕着他的，好像都是种种不幸，还因一次冲动，被送进了警察局。在那里，他结识了一个特工——哈利。哈利赏识他的忠心与正义，把他救了出来，送进了特工组织 Kingsman 选拔特工。

在他周围，一个个阴谋与陷阱散布开来。数亿张电话卡打造出来，免费赠送给人们，为的是什么？有些人耳边的疤痕，又是怎么回事？与此同时，艾格西又屡遭不幸。他虽然历尽艰辛，但没有被选进特工队。他的举荐人哈利又被杀。很多人遇到这种情况，都会萎靡不振。但他，没有沉浸在悲伤之中。他知道电话卡的阴谋，上千万人将被害。他正义的心，迫使他进入了特工团队，揭露了真相，拯救了世界。

是的，我欣赏艾格西，他那正义的品格是许多人不具备的，我也未必。他面对种种窘境，化悲痛为力量，拯救了世界！社会上还有许多这样的例子：为拯救病人牺牲的医护人员，为了教育孩子呕心沥血的老师……

艾格西在某种程度上鼓舞了我。他让我进一步了解了正义的含义。我也要这样，社会上的人们也要这样，勇于反抗邪恶！

面对艾格西，我想送上一句话：不管成长的路有多么艰难，感谢你为了正义，从未放弃。

第2节　观·演课程评价

调查问卷

调查问卷是收集信息的重要方法，是与被访者进行沟通交流的重要渠道，它的形式多样，调查的对象较为广泛，调查的结果也有利于统计与分析。

电影游戏课程从观影和观演两个角度，设计了电影调查表、电影选材评价表、舞台剧表演调查表和舞台剧表演评价表。观影调查旨在加深学生对电影课程学习情况的了解，加强老师对电影内容及电影选材的把握。观演调查可以及时了解学生和家长对舞台剧表演的反馈信息，有助于提高舞台剧表演的水平和质量。

调查表主要面向学生、老师和家长。学生的问卷主要围绕喜欢的电影类型、想成为剧中哪个人物、观影的收获以及对电影演员、剧情、配乐、背景等的评价进行调查分析；老师的问卷主要设计了电影最吸引学生的地方、电影的经典台词及教育意义等问题；家长的问卷重在了解孩子参与舞台剧的情况、参与舞台剧的收获以及对舞台剧中小演员的评价。

问卷调查这一常用的调查方式发挥着极其重要的作用，它可以作为辅助评价资料，同时有助于对课程的综合评价。合理地使用调查问卷，对于课程的学习开展有着较为深远的意义。

学生评价表

电影调查表

可以加深学生对本课程学习情况的了解，作为辅助评价资料，同时有助于对课程的综合评价。（请在相应的表格内打√哦！）

班级：四（2）班	姓名：许悦涵
电影名称：烈火英雄	电影类型：红色经典类

电影情节：滨海市海港码头发生管道爆炸，整个罐区的原油都顺着A01油罐往外流，化成火海和阵阵爆炸，威胁全市、全省，甚至邻国的安全。慌乱的市民们四处奔逃，一辆辆消防车却逆向冲进火海。

你喜欢这种类型的电影吗？	√A.喜欢　　B.不喜欢
你觉得这部电影最吸引你的地方是什么？	√A.剧情　B.人物　C.音乐　D.服装

你最喜欢剧中哪一个人物，为什么？
我喜欢江立伟。他因为火势的不断增大牺牲了，他明明有很多可以逃生的机会，但是他并没有。

你觉得剧中哪一处场景给你留下了深刻的印象？为什么？
江立伟在救火过程中与马卫国说过一句话：帮我争取时间。

如果给你一次机会，你想成为剧中的哪一个人物？为什么？
如果给我一次机会，我想成为剧中的马卫国。因为马卫国拼尽所有的力量，帮助江立伟争取时间。

看了这部电影，你有了什么收获？谈谈你的感受。
看完之后我知道了如果有人愿意为你赴汤蹈火，那么他到底在经历着什么。

电影选材评价表

可以加深学生对本课程学习情况的了解，作为辅助评价资料，同时有助于对课程的综合评价。（请在相应的表格内打√哦！）

评价项目	☺	☹
电影剧情跌宕起伏	√	
演员表演富有感情、表现力丰富	√	
电影配乐很有感染力，能引起共鸣	√	
电影的背景画面有感染力	√	
剧本内容有趣、富有创意	√	

您的回答对我们很重要，谢谢参与！

电影调查表

可以加深学生对本课程学习情况的了解，作为辅助评价资料，同时有助于对课程的综合评价。（请在相应的表格内打√哦！）

班级：四（10）班	姓名：钱李航
电影名称：小王子	电影类型：动画类

电影情节：一个小女孩在母亲望女成凤的希望下，遵循吩咐为进一所好学校努力学习着。到了新家之后，她与隔壁的一个古怪的老爷爷成了好朋友，老人对女孩讲述了小王子的故事。不久，老人病倒了，女孩为帮老人实现见小王子的愿望，去寻找小王子。女孩最终找到了小王子，让小王子找回了童真、初心。

你喜欢这种类型的电影吗？　　√A.喜欢　　B.不喜欢

你觉得这部电影最吸引你的地方是什么？　　A.剧情　√B.人物　C.音乐　D.服装

你最喜欢剧中哪一个人物，为什么？
我最喜欢小女孩。因为小女孩天真善良、勇敢执着。

你觉得剧中哪一处场景给你留下了深刻的印象？为什么？
我觉得最后小女孩和小王子重新找回童真的场景给我留下了深刻的印象。因为童真正是我们生命中最宝贵的东西，它纯净美好，不同于成人世界的复杂多变。

如果给你一次机会，你想成为剧中的哪一个人物？为什么？
小王子。因为小王子最后回归到了纯真质朴、充满童真的生活。

看了这部电影，你有了什么收获？谈谈你的感受。
我觉得人不能失去童真，不能如同机械般地生活，淳朴的生命最可贵。

电影选材评价表

可以加深学生对本课程学习情况的了解，作为辅助评价资料，同时有助于对课程的综合评价。（请在相应的表格内打√哦！）

评 价 项 目	☺	☹
电影剧情跌宕起伏	√	
演员表演富有感情、表现力丰富	√	
电影配乐很有感染力，能引起共鸣	√	
电影的背景画面有感染力	√	
剧本内容有趣、富有创意	√	

您的回答对我们很重要，谢谢参与！

电影调查表

可以加深学生对本课程学习情况的了解，作为辅助评价资料，同时有助于对课程的综合评价。（请在相应的表格内打√哦！）

班级：五（1）班	姓名：许薛杰
电影名称：飞屋环游记	电影类型：动画类

电影情节：影片以"探险"为纽带，让老人卡尔、男孩罗素走到一起，为了圆"妻子艾丽住在仙境瀑布边的梦想"，卡尔带着"气球飞屋"和男孩罗素踏上了冒险之旅。影片又以"梦想"为主线，将主人公卡尔、罗素带进惊险有趣的故事。
你喜欢这种类型的电影吗？　　　　√A.喜欢　B.不喜欢
你觉得这部电影最吸引你的地方是什么？　A.剧情　√B.人物　C.音乐　D.服装
你最喜欢剧中哪一个人物，为什么？ 老人卡尔，敬佩他用"气球飞屋"追寻梦想的执着。
你觉得剧中哪一处场景给你留下了深刻的印象？为什么？ 峡谷里的冒险。神秘，惊奇，紧张刺激。
如果给你一次机会，你想成为剧中的哪一个人物？为什么？ 男孩罗素，他为追寻梦想坚定勇毅。
看了这部电影，你有了什么收获？谈谈你的感受。 主人公们不惧风险、战胜困难、追梦圆梦的心路历程让我很是感动，同时也启发了我以梦为马，不负韶华，追梦前行。

电影选材评价表

可以加深学生对本课程学习情况的了解，作为辅助评价资料，同时有助于对课程的综合评价。（请在相应的表格内打√哦！）

评 价 项 目	☺	☹
电影剧情跌宕起伏	√	
演员表演富有感情、表现力丰富	√	
电影配乐很有感染力，能引起共鸣	√	
电影的背景画面有感染力	√	
剧本内容有趣、富有创意	√	

您的回答对我们很重要，谢谢参与！

剧场游戏
滋养儿童审美情趣 >>

电影调查表

可以加深学生对本课程学习情况的了解，作为辅助评价资料，同时有助于对课程的综合评价。（请在相应的表格内打 √ 哦！）

班级：五（1）班	姓名：颜妍
电影名称：飞屋环游记	电影类型：动画类

电影情节：《飞屋环游记》是一部很暖心的、让人很感动的动画片。电影一开始描写了一个小男孩儿和一个女孩儿一起相识、相知、相爱，然后一起慢慢变老。他们有一个共同的梦想——成为探险家一起居住在天堂瀑布旁。可惜现实就是那么残酷，老太太带着遗憾离开了人世。年轻时的梦想没有实现，老人不想终身留下遗憾，他孤独执着地带着梦想、带着遗憾、带着老伴的那份梦想一起去旅行。应该是欢声笑语的旅行，可现实只给老人留下一座空房子和孤独的幻想……

你喜欢这种类型的电影吗？	√A. 喜欢　　B. 不喜欢
你觉得这部电影最吸引你的地方是什么？	√A. 剧情　√B. 人物　√C. 音乐　D. 服装

你最喜欢剧中哪一个人物，为什么？
卡尔爷爷，因为他勇敢、执着，为了梦想勇往直前！

你觉得剧中哪一处场景给你留下了深刻的印象？为什么？
用上万个氢气球将小木屋连根拔起，因为这个场景震撼、感人！

如果给你一次机会，你想成为剧中的哪一个人物？为什么？
小罗素。因为我想跟他一样，来场惊奇的旅行！

看了这部电影，你有了什么收获？谈谈你的感受。
梦想的力量是那么强大！要珍惜时间，不能虚度光阴！

电影选材评价表

可以加深学生对本课程学习情况的了解，作为辅助评价资料，同时有助于对课程的综合评价。（请在相应的表格内打√哦！）

评价项目	☺	☹
电影剧情跌宕起伏	√	
演员表演富有感情、表现力丰富	√	
电影配乐很有感染力，能引起共鸣	√	
电影的背景画面有感染力	√	
剧本内容有趣、富有创意	√	

您的回答对我们很重要，谢谢参与！

电影调查表

可以加深学生对本课程学习情况的了解，作为辅助评价资料，同时有助于对课程的综合评价。（请在相应的表格内打 √ 哦！）

班级：五（3）班	姓名：冒秉成
电影名称：狮子王1	电影类型：动画类

电影情节： 非洲大草原上一轮红日冉冉升起，为高大的乞力马扎罗山披上层金色的光纱，所有的动物涌向了同一个地方——荣耀石，兴奋地等待着一个重大消息的宣布：它们的国王木法沙将迎来自己的新生儿。这个新生儿就是小狮子辛巴，它是木法沙的法定接班人、荣耀石未来的国王。小狮子王辛巴在众多热情的朋友的陪伴下，不但经历了生命中最光荣的时刻，也遭遇了最艰难的挑战，最后终于成为草原之王，也在周而复始生生不息的自然中体会出生命的真义。

你喜欢这种类型的电影吗？　　　　√A.喜欢　　B.不喜欢

你觉得这部电影最吸引你的地方是什么？　√A.剧情　√B.人物　C.音乐　D.服装

你最喜欢剧中哪一个人物，为什么？
我最喜欢辛巴，因为它遇到事情后勇敢坚强，为了荣耀和朋友敢于挑战艰难，用自己的实力获取成功，展现了努力与坚韧不屈的重要性。

你觉得剧中哪一处场景给你留下了深刻的印象？为什么？
辛巴在荣耀石上与刀疤决战，夺回王位。因为这能体现辛巴的反抗精神。

如果给你一次机会，你想成为剧中的哪一个人物？为什么？
我想成为辛巴，因为它在迷失方向后，重新做回自己，体现出生命的真义。

看了这部电影，你有了什么收获？谈谈你的感受。
生命只有一次，在生命的轮回中找到自己，让生命更出彩。

电影选材评价表

可以加深学生对本课程学习情况的了解，作为辅助评价资料，同时有助于对课程的综合评价。（请在相应的表格内打√哦！）

评 价 项 目	☺	☹
电影剧情跌宕起伏	√	
演员表演富有感情、表现力丰富	√	
电影配乐很有感染力，能引起共鸣	√	
电影的背景画面有感染力	√	
剧本内容有趣、富有创意	√	

您的回答对我们很重要，谢谢参与！

电影调查表

可以加深学生对本课程学习情况的了解，作为辅助评价资料，同时有助于对课程的综合评价。（请在相应的表格内打√哦！）

班级：五（5）班	姓名：曹徐辉
电影名称：战狼2	电影类型：红色经典类

电影情节： 故事发生在非洲附近的大海上，主人公冷锋遭遇人生最大挫折，被开除军籍。本想漂泊一生的他，因为一场突如其来的意外打破了他的计划，被卷入了一场非洲国家叛乱。他本可以安全撤离，却因无法忘记曾为军人的使命，孤身犯险冲回沦陷区，带领身陷屠杀中的同胞和难民，展开生死逃亡。随着斗争的持续，体内的狼性逐渐复苏，最终孤身闯入战乱区域，为同胞而战斗。

你喜欢这种类型的电影吗？　　　　√A.喜欢　　B.不喜欢

你觉得这部电影最吸引你的地方是什么？　√A.剧情　√B.人物　C.音乐　D.服装

你最喜欢剧中哪一个人物，为什么？
吴京饰演的冷锋，因为他是一个以民族大义为重的中国英雄。虽然他一开始因为个人因素被开除军籍，漂泊海外，但始终保持一颗火热的中国心。

你觉得剧中哪一处场景给你留下了深刻的印象？为什么？
当冷锋身披国旗穿过两军交战区时，这一刻我深深感受到了祖国的强大。为我生在和平年代，生于中国，而感到了前所未有的骄傲。

如果给你一次机会，你想成为剧中的哪一个人物？为什么？
冷锋。因为我也想成为他那样爱国、有骨气、意志力坚强的人。

看了这部电影，你有了什么收获？谈谈你的感受。
看完这部电影，我非常自豪我是中国人。祖国的强大给予了我们现在的幸福生活。少年强，则中国强。作为当代小学生，我会更努力地学习文化知识，化知识为战斗力，尽自己最大的努力保卫我们的祖国永远繁荣昌盛。

电影选材评价表

可以加深学生对本课程学习情况的了解，作为辅助评价资料，同时有助于对课程的综合评价。（请在相应的表格内打√哦！）

评 价 项 目	☺	☹
电影剧情跌宕起伏	√	
演员表演富有感情、表现力丰富	√	
电影配乐很有感染力，能引起共鸣	√	
电影的背景画面有感染力	√	
剧本内容有趣、富有创意	√	

您的回答对我们很重要，谢谢参与！

电影调查表

可以加深学生对本课程学习情况的了解，作为辅助评价资料，同时有助于对课程的综合评价。（请在相应的表格内打√哦！）

班级：五（7）班	姓名：汪钰萌
电影名称：动物特工局	电影类型：动画类

电影情节：一只猫和一只老鼠从工作搭档升华到知心朋友，最后拯救世界。
你喜欢这种类型的电影吗？　　　　√A.喜欢　B.不喜欢
你觉得这部电影最吸引你的地方是什么？　√A.剧情　B.人物　C.音乐　D.服装
你最喜欢剧中哪一个人物，为什么？ 猫，因为它打抱不平，疾恶如仇。
你觉得剧中哪一处场景给你留下了深刻的印象？为什么？ 包裹着灭绝动物的世界，因为它反映人的恶行。
如果给你一次机会，你想成为剧中的哪一个人物？为什么？ 猫，因为它拯救了濒临灭绝的动物和世界。
看了这部电影，你有了什么收获？谈谈你的感受。 人要保护环境，不要公报私仇。

电影选材评价表

可以加深学生对本课程学习情况的了解，作为辅助评价资料，同时有助于对课程的综合评价。（请在相应的表格内打√哦！）

评 价 项 目	☺	☹
电影剧情跌宕起伏	√	
演员表演富有感情、表现力丰富	√	
电影配乐很有感染力，能引起共鸣	√	
电影的背景画面有感染力	√	
剧本内容有趣、富有创意	√	

您的回答对我们很重要，谢谢参与！

电影调查表

可以加深学生对本课程学习情况的了解，作为辅助评价资料，同时有助于对课程的综合评价。（请在相应的表格内打 √ 哦！）

班级：五（10）班	姓名：石杨
电影名称：当幸福来敲门	电影类型：好莱坞类电影

电影情节：而立之年的克里斯·加纳做着一份让他难以推销的医疗器械工作，处处碰壁卖不出产品，这使他连房租都付不出，生活的窘迫逼得他妻子也离他远去……除了儿子他失去了一切，和儿子过着居无定所的艰难日子，带着儿子无奈地留宿在公厕里、教堂的收容所里。克里斯·加纳好不容易争取了一份股票投资公司实习的机会，可是实习期没有工资，成功录取的机会也只有百分之五，但他拼尽所有，依然努力奋斗，最终迎来了他的幸福。

你喜欢这种类型的电影吗？　　　　√A.喜欢　B.不喜欢

你觉得这部电影最吸引你的地方是什么？　√A.剧情　B.人物　C.音乐　D.服装

你最喜欢剧中哪一个人物，为什么？
我最喜欢克里斯·加纳，因为尽管当一个单亲爸爸充满艰辛和挑战，但是这种境遇并没有让他自暴自弃。

你觉得剧中哪一处场景给你留下了深刻的印象？为什么？
当他带着儿子无奈地要在公厕留宿时，有人敲门，克里斯·加纳紧紧抱着熟睡的儿子，颤抖的唇强忍着不出声，那是我第一次看到他流下男儿不轻弹的泪。那一刻我也跟随着他泪流满面，想着我是多么的幸福，我有和睦的家庭，有遮风挡雨的住所，我还有奶奶每天为我端上桌的热腾腾的饭菜，有让我尊敬的师长，有互帮互助的同学……

如果给你一次机会，你想成为剧中的哪一个人物？为什么？
如果我有机会，或许我想成为剧中的詹姆斯·凯伦，因为作为一名股票投资公司的老板，我更希望有能力给拼搏努力的人才更多的机会。

看了这部电影，你有了什么收获？谈谈你的感受。
幸福一定会落到努力的人的身上，努力、坚持、咬紧牙关才会让自己变得更好。

第五章 "评"——影评、观·演评价

电影选材评价表

可以加深学生对本课程学习情况的了解，作为辅助评价资料，同时有助于对课程的综合评价。（请在相应的表格内打√哦！）

评 价 项 目	☺	☹
电影剧情跌宕起伏	√	
演员表演富有感情、表现力丰富	√	
电影配乐很有感染力，能引起共鸣	√	
电影的背景画面有感染力	√	
剧本内容有趣、富有创意	√	

您的回答对我们很重要，谢谢参与！

电影调查表

可以加深学生对本课程学习情况的了解，作为辅助评价资料，同时有助于对课程的综合评价。（请在相应的表格内打√哦！）

班级：五（10）班	姓名：吴煜妍
电影名称：当幸福来敲门	电影类型：好莱坞类电影

电影情节：主要讲述了一个窘迫家庭里的顶梁柱——父亲克里斯·加纳的故事。因为他的失业，妻子的离开，这个家庭窘迫到连房租都交不起，父子俩不是蜗居在教堂就是躲在公共厕所里过夜，可是即使在这样的困境下，这位伟大的父亲也没有向命运低头。为了生活，为了孩子，他卖过血，他不分昼夜在外奔波，他刻苦耐劳，奋发向上，最后成为金融投资家。
你喜欢这种类型的电影吗？　　　　√A. 喜欢　　B. 不喜欢
你觉得这部电影最吸引你的地方是什么？　√A. 剧情　√B. 人物　C. 音乐　D. 服装
你最喜欢剧中哪一个人物，为什么？ 我喜欢主人公克里斯·加纳，因为在我眼里他是位坚强的、智慧的、有担当的父亲，他坚持不懈、刻苦耐劳的精神值得我们每个人学习。
你觉得剧中哪一处场景给你留下了深刻的印象？为什么？ 父子俩没地方过夜，只好去地铁站的厕所里过夜，克里斯·加纳并没有被困难打倒，反而用智慧和幽默与孩子一起面对如此困苦的生活。我佩服这位伟大的父亲，为自己的梦想努力奋斗，即使困难重重也决不放弃，他的一举一动春风化雨般感染着儿子，我想儿子以后不管遇到什么困难也一定会选择坚强。
如果给你一次机会，你想成为剧中的哪一个人物？为什么？ 我想成为克里斯·加纳的儿子克里斯·托弗，因为他全程见证了爸爸从落魄到成功的过程，这就是他成长路上最宝贵的经历和最亮丽的底色。
看了这部电影，你有了什么收获？谈谈你的感受。 看了这部电影，我懂得了任何成功都没有捷径，只有坚持不懈、努力奋斗才会实现梦想，才能收获幸福。

第五章 "评"——影评、观·演评价

电影选材评价表

可以加深学生对本课程学习情况的了解，作为辅助评价资料，同时有助于对课程的综合评价。（请在相应的表格内打√哦！）

评 价 项 目	☺	☹
电影剧情跌宕起伏	√	
演员表演富有感情、表现力丰富	√	
电影配乐很有感染力，能引起共鸣	√	
电影的背景画面有感染力	√	
剧本内容有趣、富有创意	√	

您的回答对我们很重要，谢谢参与！

电影调查表

可以加深学生对本课程学习情况的了解，作为辅助评价资料，同时有助于对课程的综合评价。（请在相应的表格内打√哦！）

班级：五（10）班	姓名：王卜
电影名称：当幸福来敲门	电影类型：好莱坞类电影

电影情节：这个故事发生在1981年的旧金山，当时美国正处在严重的金融危机，主人公克里斯独自带着儿子过着居无定所，食不果腹的生活。他依然没有放弃，努力坚持着。最后凭借着超乎常人的努力在无数竞争者中脱颖而出，改变了自己的生活。

你喜欢这种类型的电影吗？　　　√A.喜欢　　B.不喜欢

你觉得这部电影最吸引你的地方是什么？　　√A.剧情　B.人物　C.音乐　D.服装

你最喜欢剧中哪一个人物，为什么？
我最喜欢剧中的主人公克里斯，他一次次遭到生活沉重的打击，但他并没有放弃始终坚持着。

你觉得剧中哪一处场景给你留下了深刻的印象？为什么？
当克里斯因付不起房租，他和儿子小克被赶出出租屋，带着儿子街头流浪。夜深后，他假装和儿子玩游戏，一步一步把儿子带进了地铁站的公用厕所休息。那晚，他抱着熟睡的儿子彻夜未眠，为了让儿子睡得踏实一些，他反锁了厕所的门，用脚顶着门。无论外面人如何拍打门，他一直用双手捂住儿子的耳朵，望着沉睡儿子，自己却无声地流下了男人倔强的眼泪。看着克里斯的眼泪，我的心被深深地触动了，咽喉处好像被无数针刺，让我体会了什么是心如芒刺、如鲠在喉，这就是伟大的父爱，我情不自禁地泪流满面。

如果给你一次机会，你想成为剧中的哪一个人物？为什么？
如果给我一次机会，我想成为克里斯，他那坚韧不拔的意志，遇到困难从不逃避勇敢面对的可贵品质令我十分敬佩！

看了这部电影，你有了什么收获？谈谈你的感受。
看了这部电影，让我懂得了一个道理：做事要持之以恒，不能半途而废，更不能逃避困难，只要勇于面对，一切困难都会迎刃而解。

第五章 "评"——影评、观·演评价

电影选材评价表

可以加深学生对本课程学习情况的了解，作为辅助评价资料，同时有助于对课程的综合评价。（请在相应的表格内打√哦！）

评 价 项 目	☺	☹
电影剧情跌宕起伏	√	
演员表演富有感情、表现力丰富	√	
电影配乐很有感染力，能引起共鸣	√	
电影的背景画面有感染力	√	
剧本内容有趣、富有创意	√	

您的回答对我们很重要，谢谢参与！

电影调查表

可以加深学生对本课程学习情况的了解，作为辅助评价资料，同时有助于对课程的综合评价。（请在相应的表格内打√哦！）

班级：五（11）班	姓名：徐严之
电影名称：沉睡魔咒2	电影类型：好莱坞类电影

电影情节：爱洛公主和菲力王子相爱了，公主的母亲玛琳菲森用黑布遮住双角。后来王后说公主将会成为她的女儿，玛琳菲森发怒了，把卫士打倒，最后被毒箭所伤。随后，暗夜族和人类打仗，玛琳菲森救了女儿，菲力王子也和爱洛公主结婚了。

你喜欢这种类型的电影吗？　　　√A.喜欢　　B.不喜欢

你觉得这部电影最吸引你的地方是什么？　A.剧情　√B.人物　C.音乐　D.服装

你最喜欢剧中哪一个人物，为什么？
我喜欢玛琳菲森，因为她最后为了救女儿，为她挡住了毒箭。所幸还是复活了。

你觉得剧中哪一处场景给你留下了深刻的印象？为什么？
当精灵们被关在教室里时，将军发射毒素，一个叫蓝果的精灵为了救大家，不顾自己的生命，飞进毒素射出口，堵住了口子，救了大家。当时我伤心极了，蓝果精灵为了大家，挺身而出，这是多么让人感动啊。

如果给你一次机会，你想成为剧中的哪一个人物？为什么？
我想当菲力王子的爸爸，也就是国王，因为如果当时国王有一点警惕，就不会被王后诅咒，我想拯救王国。

看了这部电影，你有了什么收获？谈谈你的感受。
爱会创造奇迹。

电影选材评价表

可以加深学生对本课程学习情况的了解，作为辅助评价资料，同时有助于对课程的综合评价。（请在相应的表格内打√哦！）

评 价 项 目	☺	☹
电影剧情跌宕起伏	√	
演员表演富有感情、表现力丰富	√	
电影配乐很有感染力，能引起共鸣	√	
电影的背景画面有感染力	√	
剧本内容有趣、富有创意	√	

您的回答对我们很重要，谢谢参与！

电影调查表

可以加深学生对本课程学习情况的了解，作为辅助评价资料，同时有助于对课程的综合评价。（请在相应的表格内打√哦！）

班级：五（11）班	姓名：吴祺轩
电影名称：沉睡魔咒2	电影类型：好莱坞类电影

电影情节： 影片中的女巫像天使一样纯真。她本是个美丽纯洁的仙子，生活在宁静祥和的森林王国，直到有个来自人类的年轻英俊的男孩打破了一切。男孩亲吻了纯洁的仙子，仙子爱上了热情的男孩，一切都让人觉得如此美好。人类的贪婪与森林世界发生了激战，仙子成了森林的守护者，人类国王临死前许诺要将王位传给能打败仙子的人，男孩极强的野心暴露无遗，他割下她的翅膀成了人类的国王，遭爱人背叛的仙子成了邪恶的女巫。为了报复，她给人类国王的女儿爱洛公主施下恶咒；然而随着公主的成长，女巫才逐渐意识到这位小公主不仅能给两个世界带来和平，也许还能给自己带来真正的快乐。

你喜欢这种类型的电影吗？　　　　√A. 喜欢　　B. 不喜欢

你觉得这部电影最吸引你的地方是什么？　√A. 剧情　√B. 人物　C. 音乐　D. 服装

你最喜欢剧中哪一个人物，为什么？
爱洛公主，因为她善良纯真，内心充满爱，用爱的力量给两个世界带来和平和快乐。

你觉得剧中哪一处场景给你留下了深刻的印象？为什么？
爱洛公主长大后在森林和小动物玩泥巴，把泥巴糊在了仙子的脸上，仙子不但没生气，反而加入他们当中。这让我感到仙子的变化，她心中依然有爱。

如果给你一次机会，你想成为剧中的哪一个人物？为什么？
我想成为国王，凭自己的力量扭转局面，不让悲剧发生。

看了这部电影，你有了什么收获？谈谈你的感受。
我们要做正义的人，不要做邪恶的人，我们要共同维护和平，让世界更美好。

第五章 "评"——影评、观·演评价

电影选材评价表

可以加深学生对本课程学习情况的了解，作为辅助评价资料，同时有助于对课程的综合评价。（请在相应的表格内打√哦！）

评 价 项 目	☺	☹
电影剧情跌宕起伏	√	
演员表演富有感情、表现力丰富	√	
电影配乐很有感染力，能引起共鸣	√	
电影的背景画面有感染力	√	
剧本内容有趣、富有创意	√	

您的回答对我们很重要，谢谢参与！

老师评价表

电影调查表

可以加深老师对本课程学习情况的了解，作为辅助评价资料，同时有助于对课程的综合评价。（请在相应的表格内打√哦！）

电影名称：嗝嗝老师	电影类型：好莱坞类电影

电影情节：该片讲述了患有图雷特综合征的女老师奈娜·玛瑟带领全校垫底的9F班学生逆风翻盘的励志故事。

你们班的学生喜欢这种类型的电影吗？	√ A.喜欢　　B.不喜欢
你觉得这部电影最吸引学生的地方是什么？	√A.剧情　√B.人物　√C.音乐　D.服装

你能用三个词评价一下这部电影吗？
丰富、诙谐、画面精致。

你印象最深刻的台词是什么？
没有"为什么"，而是"为什么不"。

你觉得这部电影对于学生来说有怎样的教育意义？
在充满爱的教育故事中唤起孩子的良善之心，激起孩子努力前行的勇气。

电影选材评价表

可以加深老师对本课程学习情况的了解，作为辅助评价资料，同时有助于对课程的综合评价。（请在相应的表格内打√哦！）

评 价 项 目	☺	☹
电影剧情跌宕起伏	√	
演员表演富有感情、表现力丰富	√	
电影配乐很有感染力，能引起共鸣	√	
电影的背景画面有感染力	√	
剧本内容有趣、富有创意	√	

您的回答对我们很重要，谢谢参与！

电影调查表

可以加深老师对本课程学习情况的了解，作为辅助评价资料，同时有助于对课程的综合评价。（请在相应的表格内打√哦！）

电影名称：烈火英雄	电影类型：红色经典类
电影情节：影片讲述了消防救援人员在一场重大火灾中团结一致，誓死抵抗，以生命维护国家及人民财产安全的故事。	
你们班的学生喜欢这种类型的电影吗？	√A. 喜欢　　B. 不喜欢
你觉得这部电影最吸引学生的地方是什么？	√A. 剧情　√B. 人物　√C. 音乐　√D. 服装
你能用三个词评价一下这部电影吗？ 感人、震撼、敬畏。	
你印象最深刻的台词是什么？ 哪有什么岁月静好，只是有人替你负重前行。	
你觉得这部电影对于学生来说有怎样的教育意义？ 影片让孩子们更深入地了解了消防员这个群体，让孩子学会感恩的同时，主观地提高安全意识。	

电影选材评价表

可以加深老师对本课程学习情况的了解，作为辅助评价资料，同时有助于对课程的综合评价。（请在相应的表格内打√哦！）

评 价 项 目	☺	☹
电影剧情跌宕起伏	√	
演员表演富有感情、表现力丰富	√	
电影配乐很有感染力，能引起共鸣	√	
电影的背景画面有感染力	√	
剧本内容有趣、富有创意	√	

您的回答对我们很重要，谢谢参与！

电影调查表

可以加深老师对本课程学习情况的了解，作为辅助评价资料，同时有助于对课程的综合评价。（请在相应的表格内打√哦！）

电影名称：哪吒之魔童降世	电影类型：动画类
电影情节：该片讲述了哪吒"生而为魔"却"逆天而行斗到底"的成长经历。	
你们班的学生喜欢这种类型的电影吗？　　√A.喜欢　　B.不喜欢	
你觉得这部电影最吸引学生的地方是什么？　√A.剧情　√B.人物　C.音乐　√D.服装	
你能用三个词评价一下这部电影吗？ 幽默、震撼、新颖。	
你印象最深刻的台词是什么？ 我命由我不由天，是魔是仙，我自己说了算。	
你觉得这部电影对于学生来说有怎样的教育意义？ 哪吒虽为魔童降世，却不轻易屈服命运，在自己的坚持和父母、老师的帮助下，不但没有迷失自己，还成为大英雄，对于树立孩子正确的人生观和价值观有着很深远的意义。	

电影选材评价表

可以加深老师对本课程学习情况的了解，作为辅助评价资料，同时有助于对课程的综合评价。（请在相应的表格内打√哦！）

评 价 项 目	🙂	☹️
电影剧情跌宕起伏	√	
演员表演富有感情、表现力丰富	√	
电影配乐很有感染力，能引起共鸣	√	
电影的背景画面有感染力	√	
剧本内容有趣、富有创意	√	

您的回答对我们很重要，谢谢参与！

电影调查表

可以加深老师对本课程学习情况的了解，作为辅助评价资料，同时有助于对课程的综合评价。（请在相应的表格内打√哦！）

电影名称：奇迹男孩	电影类型：好莱坞类电影

电影情节：天生面部畸形的奥吉在长相带来的压力下，靠着父母、姐姐、老师及好友的帮助找到了自信，凭借自身的勇气、善良收获了友谊、尊重与爱，成为不可思议的奇迹。
你们班的学生喜欢这种类型的电影吗？　　√A. 喜欢　　B. 不喜欢
你觉得这部电影最吸引学生的地方是什么？　√A. 剧情　√B. 人物　C. 音乐　D. 服装
你能用三个词评价一下这部电影吗？ 温暖、励志、感人。
你印象最深刻的台词是什么？ 伟大并非拥有强大的力量，而是学会如何更好地运用力量。
你觉得这部电影对于学生来说有怎样的教育意义？ 影片讲述了一位面部有缺陷的男孩重拾自信、积极地面对生活的励志故事，对孩子有很好的教育意义。

电影选材评价表

可以加深老师对本课程学习情况的了解，作为辅助评价资料，同时有助于对课程的综合评价。（请在相应的表格内打√哦！）

评 价 项 目	☺	☹
电影剧情跌宕起伏	√	
演员表演富有感情、表现力丰富	√	
电影配乐很有感染力，能引起共鸣	√	
电影的背景画面有感染力	√	
剧本内容有趣、富有创意	√	

您的回答对我们很重要，谢谢参与！

电影调查表

可以加深老师对本课程学习情况的了解，作为辅助评价资料，同时有助于对课程的综合评价。（请在相应的表格内打√哦！）

电影名称：狮子王1	电影类型：动画类
电影情节：该片讲述了狮子国的小王子从出生便开始遭到叔叔的暗算和追杀，但在众多好人的帮助和鼓励下，小王子不断成长，最终成为草原之王的故事。	
你们班的学生喜欢这种类型的电影吗？	√A.喜欢　B.不喜欢
你觉得这部电影最吸引学生的地方是什么？	√A.剧情　√B.人物　C.音乐　D.服装
你能用三个词评价一下这部电影吗？ 感人、励志、震撼。	
你印象最深刻的台词是什么？ 1.你要记住，你是谁；2.逆境成就强者。	
你觉得这部电影对于学生来说有怎样的教育意义？ 电影中关于责任、关于自我成长、关于生命轮回的深刻内涵影响了无数人的成长。《狮子王1》的魅力在于其精神，在于其传承，在于其哲理，在于其教会孩子爱与生命的意义。	

电影选材评价表

可以加深老师对本课程学习情况的了解，作为辅助评价资料，同时有助于对课程的综合评价。（请在相应的表格内打√哦！）

评价项目	☺	☹
电影剧情跌宕起伏	√	
演员表演富有感情、表现力丰富	√	
电影配乐很有感染力，能引起共鸣	√	
电影的背景画面有感染力	√	
剧本内容有趣、富有创意	√	

您的回答对我们很重要，谢谢参与！

电影调查表

可以加深老师对本课程学习情况的了解，作为辅助评价资料，同时有助于对课程的综合评价。（请在相应的表格内打 √ 哦！）

电影名称：玩具总动员	电影类型：动画类
电影情节：该片主要讲述了胡迪为救玩具企鹅被旧货收购商偷走，巴斯光年和玩具们组成小队，寻找胡迪的故事。	
你们班的学生喜欢这种类型的电影吗？　　√A. 喜欢　　B. 不喜欢	
你觉得这部电影最吸引学生的地方是什么？　√A. 剧情　√B. 人物　C. 音乐　D. 服装	
你能用三个词评价一下这部电影吗？ 怀旧、美好、有趣。	
你印象最深刻的台词是什么？ 因为离开你的人越来越多，所以留下来的人就越来越重要。	
你觉得这部电影对于学生来说有怎样的教育意义？ 影片用寓教于乐的方式，让孩子在轻松快乐的氛围中明白友情的重要，学会拥有善良的心灵，积攒向着美好未来前行的勇气和力量。	

电影选材评价表

可以加深老师对本课程学习情况的了解，作为辅助评价资料，同时有助于对课程的综合评价。（请在相应的表格内打 √ 哦！）

评价项目	☺	☹
电影剧情跌宕起伏	√	
演员表演富有感情、表现力丰富	√	
电影配乐很有感染力，能引起共鸣	√	
电影的背景画面有感染力	√	
剧本内容有趣、富有创意	√	

您的回答对我们很重要，谢谢参与！

电影调查表

可以加深老师对本课程学习情况的了解，作为辅助评价资料，同时有助于对课程的综合评价。（请在相应的表格内打√哦！）

电影名称：我和我的祖国	电影类型：红色经典类
电影情节：该片讲述了普通人与国家之间息息相关、密不可分的动人故事。	
你们班的学生喜欢这种类型的电影吗？　√A.喜欢　B.不喜欢	
你觉得这部电影最吸引学生的地方是什么？　√A.剧情　√B.人物　C.音乐　D.服装	
你能用三个词评价一下这部电影吗？ 剧情朴素、感人至深、爱国情怀。	
你印象最深刻的台词是什么？ 这一秒对你们来说是结束，可对我们来说是开始。	
你觉得这部电影对于学生来说有怎样的教育意义？ 通过观看这类电影可以非常好地让孩子们体会到剧中人物的爱国情怀，并且可以了解这些伟大的历史事件，并为之自豪。	

电影选材评价表

可以加深老师对本课程学习情况的了解，作为辅助评价资料，同时有助于对课程的综合评价。（请在相应的表格内打√哦！）

评价项目	☺	☹
电影剧情跌宕起伏	√	
演员表演富有感情、表现力丰富	√	
电影配乐很有感染力，能引起共鸣	√	
电影的背景画面有感染力	√	
剧本内容有趣、富有创意	√	

您的回答对我们很重要，谢谢参与！

电影调查表

可以加深老师对本课程学习情况的了解，作为辅助评价资料，同时有助于对课程的综合评价。（请在相应的表格内打 √ 哦！）

电影名称：寻梦环游记	电影类型：动画类
电影情节：影片讲述了酷爱音乐的小男孩米格在五彩斑斓的神秘世界开启了一段奇妙冒险旅程，并通过亲人的帮助回到了现实世界。	
你们班的学生喜欢这种类型的电影吗？	√A. 喜欢　B. 不喜欢
你觉得这部电影最吸引学生的地方是什么？	√A. 剧情　√B. 人物　√C. 音乐　D. 服装
你能用三个词评价一下这部电影吗？ 感人、幽默、奇幻。	
你印象最深刻的台词是什么？ 永远别忘了家人有多爱你。	
你觉得这部电影对于学生来说有怎样的教育意义？ 影片让孩子更深刻地体会难以割舍的亲情，让孩子更加尊重、理解和珍惜生命，是一份充满着爱的心灵鸡汤。	

电影选材评价表

可以加深老师对本课程学习情况的了解，作为辅助评价资料，同时有助于对课程的综合评价。（请在相应的表格内打 √ 哦！）

评 价 项 目	☺	☹
电影剧情跌宕起伏	√	
演员表演富有感情、表现力丰富	√	
电影配乐很有感染力，能引起共鸣	√	
电影的背景画面有感染力	√	
剧本内容有趣、富有创意	√	

您的回答对我们很重要，谢谢参与！

家长评价表

舞台剧表演问卷调查式评价

可以加深家长对本课程学习情况的了解，作为辅助评价资料，同时有助于对课程的综合评价。（请在相应的表格内打√哦！）

项　　目	经常	有时	很少	没有
你的孩子表演过舞台剧吗？		√		
你的孩子参与过舞台剧的剧本设计和编写吗？		√		
你经常带孩子观看舞台剧吗？		√		
你的孩子喜欢表演舞台剧吗？ 你觉得舞台剧表演带给孩子最大的收获是什么？		喜欢，舞台剧表演能培养孩子的自信，提高孩子的表达能力。

舞台剧表演评价表

可以及时了解家长对舞台剧表演的反馈信息，有助于提高舞台剧表演的水平和质量。（请在相应的表格内打√哦！）

舞台剧名称：爱的守望		表演班级：三年级6班	
评价项目	☆	☆☆	☆☆☆
小演员声音明亮、吐字清晰		√	
小演员表演富有感情、表现力丰富		√	
小演员精神饱满、具有感染力		√	
舞台剧的背景有画面感		√	
剧本内容有趣、富有创意		√	

您的回答对我们很重要，谢谢参与！

舞台剧表演问卷调查式评价

可以加深家长对本课程学习情况的了解，作为辅助评价资料，同时有助于对课程的综合评价。（请在相应的表格内打√哦！）

项 目	经常	有时	很少	没有
你的孩子表演过舞台剧吗？		√		
你的孩子参与过舞台剧的剧本设计和编写吗？				√
你经常带孩子观看舞台剧吗？			√	
你的孩子喜欢表演舞台剧吗？ 你觉得舞台剧表演带给孩子最大的收获是什么？	喜欢，舞台剧表演能让孩子感知情境，感悟生活，提高欣赏艺术的能力。

舞台剧表演评价表

可以及时了解家长对舞台剧表演的反馈信息，有助于提高舞台剧表演的水平和质量。（请在相应的表格内打√哦！）

舞台剧名称：爱笑的鲨鱼		表演班级：二年级9班	
评价项目	☆	☆☆	☆☆☆
小演员声音明亮、吐字清晰			√
小演员表演富有感情、表现力丰富			√
小演员精神饱满、具有感染力			√
舞台剧的背景有画面感			√
剧本内容有趣、富有创意			√

您的回答对我们很重要，谢谢参与！

舞台剧表演问卷调查式评价

可以加深家长对本课程学习情况的了解，作为辅助评价资料，同时有助于对课程的综合评价。（请在相应的表格内打√哦！）

项　　目	经常	有时	很少	没有
你的孩子表演过舞台剧吗？				√
你的孩子参与过舞台剧的剧本设计和编写吗？				√
你经常带孩子观看舞台剧吗？		√		
你的孩子喜欢表演舞台剧吗？你觉得舞台剧表演带给孩子最大的收获是什么？		喜欢，舞台剧表演能开发孩子的想象力，培养孩子的自信。		

舞台剧表演评价表

可以及时了解家长对舞台剧表演的反馈信息，有助于提高舞台剧表演的水平和质量。（请在相应的表格内打√哦！）

舞台剧名称：爱心树		表演班级：二年级11班	
评　价　项　目	☆	☆☆	☆☆☆
小演员声音明亮、吐字清晰			√
小演员表演富有感情、表现力丰富			√
小演员精神饱满、具有感染力			√
舞台剧的背景有画面感			√
剧本内容有趣、富有创意			√

您的回答对我们很重要，谢谢参与！

舞台剧表演问卷调查式评价

可以加深家长对本课程学习情况的了解，作为辅助评价资料，同时有助于对课程的综合评价。（请在相应的表格内打√哦！）

项　　目	经常	有时	很少	没有
你的孩子表演过舞台剧吗？		√		
你的孩子参与过舞台剧的剧本设计和编写吗？				√
你经常带孩子观看舞台剧吗？			√	
你的孩子喜欢表演舞台剧吗？ 你觉得舞台剧表演带给孩子最大的收获是什么？	喜欢，舞台剧表演使孩子对人物的观察变得细致。

舞台剧表演评价表

可以及时了解家长对舞台剧表演的反馈信息，有助于提高舞台剧表演的水平和质量。（请在相应的表格内打√哦！）

舞台剧名称：白雪公主和七个小矮人	表演班级：三年级5班
评 价 项 目	☆	☆☆	☆☆☆
小演员声音明亮、吐字清晰			√
小演员表演富有感情、表现力丰富			√
小演员精神饱满、具有感染力			√
舞台剧的背景有画面感			√
剧本内容有趣、富有创意			√

您的回答对我们很重要，谢谢参与！

舞台剧表演问卷调查式评价

可以加深家长对本课程学习情况的了解，作为辅助评价资料，同时有助于对课程的综合评价。（请在相应的表格内打√哦！）

项　　目	经常	有时	很少	没有
你的孩子表演过舞台剧吗？			√	
你的孩子参与过舞台剧的剧本设计和编写吗？				√
你经常带孩子观看舞台剧吗？			√	
你的孩子喜欢表演舞台剧吗？你觉得舞台剧表演带给孩子最大的收获是什么？		喜欢，舞台剧表演增强了孩子的表现能力，让孩子体验到被人欣赏的快乐和成就感，从而增加了自信心。

舞台剧表演评价表

可以及时了解家长对舞台剧表演的反馈信息，有助于提高舞台剧表演的水平和质量。（请在相应的表格内打√哦！）

舞台剧名称：白雪公主和七个小矮人			表演班级：三年级5班	
评价项目		☆	☆☆	☆☆☆
小演员声音明亮、吐字清晰				√
小演员表演富有感情、表现力丰富				√
小演员精神饱满、具有感染力				√
舞台剧的背景有画面感				√
剧本内容有趣、富有创意				√

您的回答对我们很重要，谢谢参与！

舞台剧表演问卷调查式评价

可以加深家长对本课程学习情况的了解，作为辅助评价资料，同时有助于对课程的综合评价。（请在相应的表格内打√哦！）

项 目	经常	有时	很少	没有
你的孩子表演过舞台剧吗？		√		
你的孩子参与过舞台剧的剧本设计和编写吗？			√	
你经常带孩子观看舞台剧吗？			√	
你的孩子喜欢表演舞台剧吗？ 你觉得舞台剧表演带给孩子最大的收获是什么？		喜欢，舞台剧表演能让孩子更深刻地理解故事内涵，更直观地感受主人公的内心活动。

舞台剧表演评价表

可以及时了解家长对舞台剧表演的反馈信息，有助于提高舞台剧表演的水平和质量。（请在相应的表格内打√哦！）

舞台剧名称：狼和小羊	表演班级：三年级13班		
评 价 项 目	☆	☆☆	☆☆☆
小演员声音明亮、吐字清晰			√
小演员表演富有感情、表现力丰富			√
小演员精神饱满、具有感染力			√
舞台剧的背景有画面感			√
剧本内容有趣、富有创意			√

您的回答对我们很重要，谢谢参与！

第五章 "评"——影评、观·演评价

舞台剧表演问卷调查式评价

可以加深家长对本课程学习情况的了解，作为辅助评价资料，同时有助于对课程的综合评价。（请在相应的表格内打√哦！）

项　目	经常	有时	很少	没有
你的孩子表演过舞台剧吗？		√		
你的孩子参与过舞台剧的剧本设计和编写吗？				√
你经常带孩子观看舞台剧吗？			√	
你的孩子喜欢表演舞台剧吗？ 你觉得舞台剧表演带给孩子最大的收获是什么？	喜欢，舞台剧表演能让孩子身临其境地感受到整个故事发展的过程，更受触动和启发。

舞台剧表演评价表

可以及时了解家长对舞台剧表演的反馈信息，有助于提高舞台剧表演的水平和质量。（请在相应的表格内打√哦！）

舞台剧名称：狼和小羊		表演班级：三年级13班		
评价项目	☆	☆☆	☆☆☆	
小演员声音明亮、吐字清晰			√	
小演员表演富有感情、表现力丰富			√	
小演员精神饱满、具有感染力			√	
舞台剧的背景有画面感			√	
剧本内容有趣、富有创意			√	

您的回答对我们很重要，谢谢参与！

舞台剧表演问卷调查式评价

可以加深家长对本课程学习情况的了解，作为辅助评价资料，同时有助于对课程的综合评价。（请在相应的表格内打√哦！）

项　　目	经常	有时	很少	没有
你的孩子表演过舞台剧吗？		√		
你的孩子参与过舞台剧的剧本设计和编写吗？		√		
你经常带孩子观看舞台剧吗？		√		
你的孩子喜欢表演舞台剧吗？你觉得舞台剧表演带给孩子最大的收获是什么？		喜欢，舞台剧表演加强了孩子的沟通能力与合作能力。

舞台剧表演评价表

可以及时了解家长对舞台剧表演的反馈信息，有助于提高舞台剧表演的水平和质量。（请在相应的表格内打√哦！）

舞台剧名称：妈妈心，妈妈树		表演班级：三年级8班		
评　价　项　目	☆	☆☆	☆☆☆	
小演员声音明亮、吐字清晰			√	
小演员表演富有感情、表现力丰富			√	
小演员精神饱满、具有感染力			√	
舞台剧的背景有画面感			√	
剧本内容有趣、富有创意			√	

您的回答对我们很重要，谢谢参与！

舞台剧表演问卷调查式评价

可以加深家长对本课程学习情况的了解,作为辅助评价资料,同时有助于对课程的综合评价。(请在相应的表格内打√哦!)

项　　目	经常	有时	很少	没有
你的孩子表演过舞台剧吗?			√	
你的孩子参与过舞台剧的剧本设计和编写吗?				√
你经常带孩子观看舞台剧吗?			√	
你的孩子喜欢表演舞台剧吗? 你觉得舞台剧表演带给孩子最大的收获是什么?	喜欢,舞台剧表演能提高孩子的表现力和自信心,提升审美能力以及积极乐观的生活态度。

舞台剧表演评价表

可以及时了解家长对舞台剧表演的反馈信息,有助于提高舞台剧表演的水平和质量。(请在相应的表格内打√哦!)

舞台剧名称:妈妈心,妈妈树		表演班级:三年级8班	
评价项目	☆	☆☆	☆☆☆
小演员声音明亮、吐字清晰			√
小演员表演富有感情、表现力丰富			√
小演员精神饱满、具有感染力			√
舞台剧的背景有画面感			√
剧本内容有趣、富有创意			√

您的回答对我们很重要,谢谢参与!

舞台剧表演问卷调查式评价

可以加深家长对本课程学习情况的了解，作为辅助评价资料，同时有助于对课程的综合评价。（请在相应的表格内打 √ 哦！）

项　　目	经常	有时	很少	没有
你的孩子表演过舞台剧吗？		√		
你的孩子参与过舞台剧的剧本设计和编写吗？				√
你经常带孩子观看舞台剧吗？			√	
你的孩子喜欢表演舞台剧吗？ 你觉得舞台剧表演带给孩子最大的收获是什么？		喜欢，舞台剧能让孩子身临其境地感受到整个故事发展的过程，更受触动和启发。

舞台剧表演评价表

可以及时了解家长对舞台剧表演的反馈信息，有助于提高舞台剧表演的水平和质量。（请在相应的表格内打 √ 哦！）

舞台剧名称：我的幸运一天		表演班级：三年级 7 班	
评 价 项 目	☆	☆☆	☆☆☆
小演员声音明亮、吐字清晰			√
小演员表演富有感情、表现力丰富			√
小演员精神饱满、具有感染力			√
舞台剧的背景有画面感			√
剧本内容有趣、富有创意			√

您的回答对我们很重要，谢谢参与！

舞台剧表演问卷调查式评价

可以加深家长对本课程学习情况的了解，作为辅助评价资料，同时有助于对课程的综合评价。（请在相应的表格内打√哦！）

项　　目	经常	有时	很少	没有
你的孩子表演过舞台剧吗？		√		
你的孩子参与过舞台剧的剧本设计和编写吗？			√	
你经常带孩子观看舞台剧吗？		√		
你的孩子喜欢表演舞台剧吗？ 你觉得舞台剧表演带给孩子最大的收获是什么？	喜欢，舞台剧表演能锻炼孩子的表演能力，培养孩子的自信心和团队合作意识！			

舞台剧表演评价表

可以及时了解家长对舞台剧表演的反馈信息，有助于提高舞台剧表演的水平和质量。（请在相应的表格内打√哦！）

舞台剧名称：我的幸运一天		表演班级：三年级3班	
评 价 项 目	☆	☆☆	☆☆☆
小演员声音明亮、吐字清晰			√
小演员表演富有感情、表现力丰富			√
小演员精神饱满、具有感染力			√
舞台剧的背景有画面感			√
剧本内容有趣、富有创意			√

您的回答对我们很重要，谢谢参与！

舞台剧表演问卷调查式评价

可以加深家长对本课程学习情况的了解，作为辅助评价资料，同时有助于对课程的综合评价。（请在相应的表格内打√哦！）

项　　目	经常	有时	很少	没有
你的孩子表演过舞台剧吗？		√		
你的孩子参与过舞台剧的剧本设计和编写吗？			√	
你经常带孩子观看舞台剧吗？		√		
你的孩子喜欢表演舞台剧吗？ 你觉得舞台剧表演带给孩子最大的收获是什么？	喜欢，舞台剧能让孩子收获一段关于成长的领悟与思考，让孩子更勇敢乐观地面对这个世界。			

舞台剧表演评价表

可以及时了解家长对舞台剧表演的反馈信息，有助于提高舞台剧表演的水平和质量。（请在相应的表格内打√哦！）

舞台剧名称：小老鼠和大花猫		表演班级：三年级4班	
评 价 项 目	☆	☆☆	☆☆☆
小演员声音明亮、吐字清晰			√
小演员表演富有感情、表现力丰富			√
小演员精神饱满、具有感染力			√
舞台剧的背景有画面感			√
剧本内容有趣、富有创意			√

您的回答对我们很重要，谢谢参与！

第五章 "评"——影评、观·演评价

舞台剧表演问卷调查式评价

可以加深家长对本课程学习情况的了解,作为辅助评价资料,同时有助于对课程的综合评价。(请在相应的表格内打√哦!)

项　　目	经常	有时	很少	没有
你的孩子表演过舞台剧吗?		√		
你的孩子参与过舞台剧的剧本设计和编写吗?			√	
你经常带孩子观看舞台剧吗?		√		
你的孩子喜欢表演舞台剧吗? 你觉得舞台剧表演带给孩子最大的收获是什么?		喜欢,舞台剧可以丰富学习生活,增强团队意识,更好地锻炼表达能力。

舞台剧表演评价表

可以及时了解家长对舞台剧表演的反馈信息,有助于提高舞台剧表演的水平和质量。(请在相应的表格内打√哦!)

舞台剧名称:小老鼠和大花猫		表演班级:三年级4班		
评 价 项 目		☆	☆☆	☆☆☆
小演员声音明亮、吐字清晰				√
小演员表演富有感情、表现力丰富				√
小演员精神饱满、具有感染力				√
舞台剧的背景有画面感				√
剧本内容有趣、富有创意				√

您的回答对我们很重要,谢谢参与!

舞台剧表演问卷调查式评价

可以加深家长对本课程学习情况的了解，作为辅助评价资料，同时有助于对课程的综合评价。（请在相应的表格内打√哦！）

项　　目	经常	有时	很少	没有
你的孩子表演过舞台剧吗？		√		
你的孩子参与过舞台剧的剧本设计和编写吗？	√			
你经常带孩子观看舞台剧吗？			√	
你的孩子喜欢表演舞台剧吗？ 你觉得舞台剧表演带给孩子最大的收获是什么？	喜欢，舞台剧增强孩子的表现力，让孩子自信勇敢！

舞台剧表演评价表

可以及时了解家长对舞台剧表演的反馈信息，有助于提高舞台剧表演的水平和质量。（请在相应的表格内打√哦！）

舞台剧名称：小马过河		表演班级：三年级7班	
评价项目	☆	☆☆	☆☆☆
小演员声音明亮、吐字清晰			√
小演员表演富有感情、表现力丰富			√
小演员精神饱满、具有感染力			√
舞台剧的背景有画面感			√
剧本内容有趣、富有创意			√

您的回答对我们很重要，谢谢参与！

舞台剧表演问卷调查式评价

可以加深家长对本课程学习情况的了解，作为辅助评价资料，同时有助于对课程的综合评价。（请在相应的表格内打√哦！）

项　　目	经常	有时	很少	没有
你的孩子表演过舞台剧吗？	√			
你的孩子参与过舞台剧的剧本设计和编写吗？		√		
你经常带孩子观看舞台剧吗？			√	
你的孩子喜欢表演舞台剧吗？ 你觉得舞台剧表演带给孩子最大的收获是什么？		喜欢，舞台剧表演让孩子变得更勇敢、更自信！

舞台剧表演评价表

可以及时了解家长对舞台剧表演的反馈信息，有助于提高舞台剧表演的水平和质量。（请在相应的表格内打√哦！）

舞台剧名称：小马过河		表演班级：三年级10班		
评价项目	☆	☆☆	☆☆☆	
小演员声音明亮、吐字清晰			√	
小演员表演富有感情、表现力丰富			√	
小演员精神饱满、具有感染力			√	
舞台剧的背景有画面感			√	
剧本内容有趣、富有创意			√	

您的回答对我们很重要，谢谢参与！

舞台剧表演问卷调查式评价

可以加深家长对本课程学习情况的了解，作为辅助评价资料，同时有助于对课程的综合评价。（请在相应的表格内打√哦！）

项 目	经常	有时	很少	没有
你的孩子表演过舞台剧吗？			√	
你的孩子参与过舞台剧的剧本设计和编写吗？				√
你经常带孩子观看舞台剧吗？			√	
你的孩子喜欢表演舞台剧吗？ 你觉得舞台剧表演带给孩子最大的收获是什么？	喜欢，舞台剧表演让孩子走进故事情节和人物形象，提高审美能力，丰富情感。			

舞台剧表演评价表

可以及时了解家长对舞台剧表演的反馈信息，有助于提高舞台剧表演的水平和质量。（请在相应的表格内打√哦！）

舞台剧名称：小猪变形记		表演班级：三年级14班	
评 价 项 目	☆	☆☆	☆☆☆
小演员声音明亮、吐字清晰			√
小演员表演富有感情、表现力丰富			√
小演员精神饱满、具有感染力			√
舞台剧的背景有画面感			√
剧本内容有趣、富有创意			√

您的回答对我们很重要，谢谢参与！

舞台剧表演问卷调查式评价

可以加深家长对本课程学习情况的了解，作为辅助评价资料，同时有助于对课程的综合评价。（请在相应的表格内打√哦！）

项　　目	经常	有时	很少	没有
你的孩子表演过舞台剧吗？		√		
你的孩子参与过舞台剧的剧本设计和编写吗？				√
你经常带孩子观看舞台剧吗？			√	
你的孩子喜欢表演舞台剧吗？ 你觉得舞台剧表演带给孩子最大的收获是什么？	喜欢，舞台剧表演能让孩子以更形象的方式走进故事情节，加深体验。

舞台剧表演评价表

可以及时了解家长对舞台剧表演的反馈信息，有助于提高舞台剧表演的水平和质量。（请在相应的表格内打√哦！）

舞台剧名称：小猪变形记		表演班级：三年级14班	
评价项目	☆	☆☆	☆☆☆
小演员声音明亮、吐字清晰			√
小演员表演富有感情、表现力丰富			√
小演员精神饱满、具有感染力			√
舞台剧的背景有画面感			√
剧本内容有趣、富有创意			√

您的回答对我们很重要，谢谢参与！

舞台剧表演问卷调查式评价

可以加深家长对本课程学习情况的了解,作为辅助评价资料,同时有助于对课程的综合评价。(请在相应的表格内打√哦!)

项　目	经常	有时	很少	没有
你的孩子表演过舞台剧吗?		√		
你的孩子参与过舞台剧的剧本设计和编写吗?			√	
你经常带孩子观看舞台剧吗?		√		
你的孩子喜欢表演舞台剧吗? 你觉得舞台剧表演带给孩子最大的收获是什么?		喜欢,舞台剧表演锻炼胆量,培养团队意识。

舞台剧表演评价表

可以及时了解家长对舞台剧表演的反馈信息,有助于提高舞台剧表演的水平和质量。(请在相应的表格内打√哦!)

舞台剧名称:小红帽		表演班级:三年级12班	
评价项目	☆	☆☆	☆☆☆
小演员声音明亮、吐字清晰			√
小演员表演富有感情、表现力丰富		√	
小演员精神饱满、具有感染力		√	
舞台剧的背景有画面感		√	
剧本内容有趣、富有创意		√	

您的回答对我们很重要,谢谢参与!

ISBN 978-7-5630-7236-1

定价:58.00元